Günter Scheich

Ärgern ist gesund!

Für Sabine, die sich ärgerte,
weil ich immer wieder keine Zeit für sie hatte.

in der Verlagsgruppe Falken/Mosaik,
ein Unternehmen der Verlagsgruppe
Random House GmbH, München / 5 4 3 2 1
Textredaktion: Annette Baldszuhn
Design und Layout: Martina Eisele, München
DTP-Satz: Paxmann/Teutsch Buchprojekte, München
Umschlaggestaltung: Heinz Kraxenberger GmbH
Umschlagfoto: Archiv Kraxenberger, München
Druck und Bindung: Clausen & Bosse, Leck
Printed in Germany
ISBN 3-576-11651-6

Günter Scheich

Ärgern ist gesund!

Immer nur positiv denken macht krank

Mosaik

inhalt

Positiv ist nicht immer gesund!

Mein Buch *Positives Denken macht krank* (erschienen im Eichborn Verlag) beschäftigt sich mit der psychologischen Analyse und kritischen Bewertung des zwanghaften „Positiven Denkens“. *Ärgern ist gesund* zeigt nun die praktische Anwendung im Lebensalltag dazu auf.

Nicht nur das erstaunliche und bis heute fortdauernde Interesse der Medien an meiner Kritik des platten „Positiven Denkens“ hat mich zu diesem Buch ermutigt. Viele, sehr viele Menschen, die mir geschrieben oder in anderer Form mit mir Kontakt aufgenommen haben, bestätigten mich durch eigene Lebenserfahrungen in meiner Auffassung. Auch bekannte und erfolgreiche Persönlichkeiten aus Wirtschaft, Politik, öffentlichem Leben, Sport und Kultur pflichten mir in meiner fachlichen Beurteilung bei.

Besonders die Tatsache, dass wir heute einer einseitigen Lebens- und Erfolgsphilosophie erliegen, hat mich zu diesem Buch über den konstruktiven Umgang mit Ärger motiviert. Diese Philosophie baut auf ein simples Modell der menschlichen Psyche auf und hat mit wissenschaftlichen Erkenntnissen wenig zu tun. Psychohygienisch gesundes Verhalten wird so vollkommen verfehlt. Deshalb beschäftigt sich *Ärgern ist gesund* mit dem Gefühl Ärger und wie man diese Emotion angemessen und intelligent zum Ausdruck bringt. Und dadurch Körper und Psyche gesund erhält!

zwanghaft **positives denken:**

eine unwirksame und schädliche selbsthilfemethode

Die **zweifelhafte Faszination** einer **Schmalspurpsychologie**

Ich bin kein Pessimist oder gar Miesepeter. Wer mich kennt, der weiß, dass ich mein Leben in vollen Zügen genieße. Auch habe ich nichts gegen einen gesunden Optimismus, der auf Fähigkeiten und einer berechtigten Einschätzung von Chancen und Risiken beruht. Erfolg, relative Zufriedenheit und Ausgeglichenheit sind mir persönlich nicht fremd.

Aber dies alles hat nichts mit dem Zwang, „Positives Denken" willentlich herbeiführen zu müssen, gemein. Es hat auch nichts damit zu tun, im „Positiven Denken" das alleinige Heil eines jeden Menschen, ja sogar der gesamten Menschheit zu sehen. **Nur diese Form der weit verbreiteten Alltagspsychologie nach dem Motto „Denk positiv!" kritisiere ich.** *Nur* ist allerdings reichlich untertrieben – denn hierbei handelt es sich um *die* Lebensphilosophie in unserer westlichen Kultur.

„Sieh es positiv, es wird schon werden!" „Denke groß, dann wirst oder bist du groß!" „Tu nach außen so, als wenn du der Größte, als wenn du mehr wärst, als du bist!" „Überschätze dich und habe Erfolg in der Überschätzung!" „Schlage möglichst viel Schaum und lass keine Kritik zu oder verdränge sie!" „Unterdrücke deinen Ärger und deine Aggressionen, weil es deiner Gesundheit, deiner Karriere, deinem Erfolg in jeder Hinsicht schadet!" „Keep smiling!" „Versuche im Umgang mit

Einseitige Parolen taugen nicht zur Lebensgestaltung! Zum Meistern des Lebens bedarf es neben gesundem Optimismus auch negativer Gedanken.

anderen Menschen immer zu lächeln." Und so weiter und so fort ... Bücher (von Carnegie & Co.), die diese frohe Botschaft verkünden, stehen seit Jahren auf der Bestsellerliste und werden von der breiten Masse der Leser gekauft. Selbst einige der angeblich intelligentesten Menschen fahren darauf ab. Doch warum leuchtet diese „Erfolgsmethode" in ihrer angeblichen Richtigkeit dem gesunden Menschenverstand so absolut ein? Und: Was ist psychisch schädlich, sogar erfolgstötend an dieser Einstellung?

Wer die Macht des Denkens überschätzt, baut auf Sand

Um überhaupt denken zu können, bedarf es unterschiedlichster seelischer und körperlicher Voraussetzungen. Komplizierte neuronale Strukturen und Prozesse sind nötig. Denken ist abhängig von der psychischen Entwicklung, von Lernprozessen, Gedächtnisstrukturen und daraus resultierenden vorbewussten Wahrnehmungsprozessen. Erfahrungen und die sich daraus ergebenden Gefühlsreaktionen spielen eine Rolle. Gefühle bestimmen Denkinhalte oder können diese maßgeblich beeinflussen. Es gibt zahlreiche Argumente, die zeigen, dass das Denken in der Regel nicht die Quelle, sondern das Ergebnis von vielfältigen, hochkomplizierten psychischen Prozessen ist.

Denken ist nur eine kleine Nussschale auf dem riesigen Meer der Seele.

Argumente, die alle darin gipfeln, dass unser Denken aus der individuellen Psyche heraus mehr oder weniger vorgegeben ist.

Zwanghaft „Positives Denken" bleibt psychisch weitgehend unwirksam. Zwar kann man sich ein bestimmtes Denken immer wieder vorsagen und auf diese Weise der eigenen Psyche „aufpfropfen". Dies ist jedoch ein Denken ohne tiefe innere Überzeugung und somit ohne wirkliche psychische Realität und Kraft. Es ist ja hinlänglich bekannt: Viele Menschen wissen durchaus, was für sie richtig und vorteilhaft wäre – und dennoch tun sie das genaue Gegenteil davon!

Wer darauf setzt, die Welt allein mit seinem willentlichen Denken aus den Angeln heben zu können, verkennt die beschriebenen Tatsachen und baut auf Sand. Diese Illusion fördert Bequemlichkeit, Selbstüberschätzung und Flucht in eine isolierte geistige Welt. Sie verhindert Lernprozesse, Erfahrungen, die Auseinandersetzung mit der eigenen Person, der eigenen Geschichte, aber auch mit den jeweiligen Lebensbedingungen und sozialen Beziehungen.

Die Fanatiker des „Positiven Denkens" gehen sogar so weit zu behaupten, die Welt des Denkens sei die einzig reale Welt. (siehe hierzu mein Buch *Positives Denken macht krank*, das im Eichborn Verlag erschienen ist). Demnach kann sich durch „richtiges" Denken angeblich jeder seine eigene Welt konstruieren und alles erreichen, was er will. Ich nenne dies Konstruktivismus und Anstiftung zur Realitätsferne. Fällt nämlich je-

Überzeugungen kann man sich nicht durch willentliches Denken aufsetzen wie einen Hut.

mand aus seinem Wolkenkuckucksheim, so kann das sehr weh tun, zur gefährlichen Desorientierung und zum vollkommenen Verlust des Urvertrauens führen.

Wer **negatives Denken** als **unsinnig erachtet,** wird **psychisch krank**

Der „Positiv-Denker“ geht davon aus, dass „negative“ Gedanken und Gefühle gänzlich unproduktiv, ja schädlich sind. Das ist ein vereinfachendes Schwarz-Weiß-Denken, eine vollkommene Verkennung psychischer Tatsachen. Denn gerade auch „Negatives“ ist für die Gesundheit wichtig. Wut, Ärger und Aggression sind nicht nur für die Lebensorientierung und Selbstbehauptung vonnöten und entscheiden letztlich über körperliches und psychisches Überleben. Bereits der Ausdruck dieser Emotionen selbst ist es, der unsere Seele befreit und gesund erhält. Menschen, die alles in sich hineinfressen, neigen nicht nur zu Depressionen und Ängsten, sondern auch zu seelisch bedingtem Bluthochdruck und zu anderen körperlichen Erkrankungen (siehe Seite 36ff.).

Unerreichbare Ideale als Quelle der Frustration
Mit der Propagierung des „Positiven Denkens" ist die Verbreitung falscher Idealvorstellungen verbunden: vollkommene Schönheit, lebenslange Gesundheit, immer währender Erfolg, Reichtum, Zufriedenheit, gute Laune ... Das Ideal „Alles ist machbar" wird als realistisch vorgegeben. Wer positiv denkt, soll das Paradies auf Erden erreichen können. Diese unreifen, geradezu kindlichen Ideale stellen, wenn sie wirklich angestrebt werden, ein riesiges Frustrationspotenzial dar und fördern seelische Erkrankungen.

„Negative" Gefühle auszudrücken hat sehr viel mit Selbstbewusstsein zu tun. Daher lernen Patienten in der Psychotherapie, zu diesen Gefühlen zu stehen und sie angemessen zu äußern. Alles grundsätzlich in Ordnung zu finden, sich ständig zu freuen und immer zu funktionieren – dazu gehört wenig Mut. Sehr viel mehr Courage und erhebliche individuelle Vitalität braucht es, etwas zu kritisieren und Dinge, die einem missfallen, verändern zu wollen.

Wer **Angst** vor dem **eigenen Denken** hat, **spaltet** seine **Person**

Negative Gedanken und Gefühle sind Anteile, die zu jedem Menschen dazugehören. Der „Positiv-Denker" muss tunlichst darauf achten, negatives Denken und Fühlen zu vermeiden. Große Teile seiner Persönlichkeit muss er demnach leugnen und fürchten. Viele Betroffene berichteten mir, dass sie massive Angst vor dem eigenen Denken bekommen hätten. Das Denken ist jedoch langfristig nicht zu manipulieren; es tritt vorbewusst-automatisch auf. Daher wird negatives Denken immer wieder und auch intensiv vorkommen. Es lässt sich gar nicht verhindern.

Demzufolge befindet sich der „Positiv-Denker in einem ständigen Dilemma, einem dauernden Kampf gegen sich selbst: Er muss das negative Denken regelrecht verdrängen, was erfahrungsgemäß ungesund ist. Wie Martin Lell in seinem Buch *Das Forum, Protokoll einer Gehirnwäsche* darlegt, spaltet der „Positiv-Denker" seine Persönlichkeit in gute und schlechte Anteile auf und kann dabei im ungünstigsten Fall psychotisch beziehungsweise schizophren werden.

Seit Menschengedenken besteht die psychohygienische Aufgabenstellung jedes Menschen darin, die unterschiedlichen Anteile der eigenen Person zu einer stabilen Identität zu integrieren. In einer Zeit großer Identitätskrisen, ausgeprägter Fassadenhaftigkeit und extremen Leistungsdrucks haben wir diese Fähigkeit gerade heute bitter nötig.

Zwanghaftes Positiv-Denken führt zu einem Verlust von Identität und Individualität.

Ohne Kritik ist kein Fortschritt möglich
Unsere gesamte Kultur baut auf Kritik an unseren vorgefundenen Umgebungsbedingungen auf. Nur deshalb leben wir nicht mehr in der Steinzeit, haben der Natur getrotzt und die Diktatur der Könige und Fürsten hinter uns gelassen. Der Kritiker ist für die Entwicklung der Gesellschaft ein äußerst wichtiger Zeitgenosse. Es muss neben dem „Positiven" gleichberechtigt auch das „Negative" geben, neben der Zufriedenheit immer wieder die Unzufriedenheit. Nur so kann die Menschheit vorankommen!

Fanatische Positiv-Denker sind kleine Diktatoren

Der fanatisch positiv denkende Mensch lebt in seiner eigenen Welt. Und dort ist er kaum ansprechbar. Das, was er sich als Lebensgebäude konstruiert hat, verteidigt er vehement nach außen. Er tritt als Diktator und Rechthaber auf. Wer es wagt, ihn zu kritisieren, bekommt in der Regel die Maulkorbantwort „Denk positiv!" um die Ohren geschleudert. Die Menschen in seinem Umfeld erleben den „Positiv-Denker" oft als völlig realitätsfremd, ja als seltsam entrückt.

Fanatische Positiv-Denker teilen ihre Mitmenschen in zwei Kategorien ein: in „richtig" und „falsch" denkende Menschen.

Die „positiv“ Denkenden stellen ihrer Ansicht nach die Elite dar, die anders Denkenden sind schief gewickelt, werden als minderwertig betrachtet und müssen auf den richtigen Weg gebracht werden. Fast könnte man sagen, die „Positiv-Denker“ gebärden sich als Herrenmenschen. Denn sie geben erst Ruhe, wenn alle in eine, nämlich in ihre Richtung marschieren beziehungsweise denken.

Da Kommunikation und Interaktion bei diesen Menschen zur absoluten Einbahnstraße werden, bleibt ihnen langfristig aber die soziale Unterstützung versagt. Und auch der Erfolg bleibt aus – denn zwischenmenschliche Kommunikation ist nach wie vor der beste Karrieregarant!

Fanatisches Positives Denken kann in wirtschaftliche Not führen

Wer fanatisch an das „Positive Denken“ glaubt, kann sogar Hab und Gut verlieren. Wirtschaftliche Entscheidungen, die aus Euphorie getroffen wurden oder aus der Überzeugung, dass es im Leben einzig und allein Chancen gibt, brachten so manchen in gewaltige finanzielle Schwierigkeiten. Selbst den einen oder anderen Erfolgs-Guru und Missionar des „Positiven Denkens“!

Wer nicht zur Kommunikation fähig ist, bekommt Effektivitätsprobleme in allen Lebensbereichen.

Der nach eigenen Aussagen äußerst erfolgreiche und mir persönlich bekannte Jürgen Höller („Deutschlands bekanntester Motivationstrainer“) tut sich mit dem Erfolg, obwohl er ihn allerorten propagiert, offensichtlich selbst sehr schwer. Dies berichtete die *Süddeutsche Zeitung* vom 22.9.2001 unter der Überschrift: „Erfolg durch Selbstüberschätzung – Schwere Zeiten für das Unternehmen des Motivationstrainers Jürgen Höller“. In dem Artikel wird deutlich, dass sich Höller offensichtlich seit längerer Zeit wirtschaftlich verschätzt. Denn „Höllers eigene Firma, die Inline AG, taugt nicht gerade für den Beleg dieser (Höller-)Aussage („Erfolg durch Selbstüberschätzung!“). ... Dem Vernehmen nach wird die Inline AG in diesem Jahr wieder keine Gewinne erwirtschaften.“ Auch das Magazin *Focus Money* vom 18.10.2001 berichtete über Höllers wirtschaftliche Misere. Danach befürchtet Höller mittlerweile, „Haus und Hof“ zu verlieren und hat bereits seinen roten Ferrari per Anzeige zum Verkauf angeboten. Merkwürdigerweise erzählte dieser Mann noch vor etwa zwei Jahren, und zwar am 14.3.2000 in der Radiosendung *Parisius* auf Antenne Bayern, mir und rund 700.000 Zuhörern, er müsse im Unterschied zu mir und anderen nicht mehr arbeiten! Wie passt das zusammen?

Nicht besser erging es dem Erfolgs-Guru Bodo Schäfer, der den Bestseller *Der Weg zur finanziellen Freiheit* schrieb. Laut ARD-Magazin *Fakt* vom 2.1.2000 steuerte Schäfer zeitnah zu seinem Bucherfolg seine ehemalige Firma in den Konkurs.

Vorsicht: Wer zwanghaft positiv denkt, kann sich in wirtschaftliche Schwierigkeiten bringen!

Trotz solcher offenkundiger Misserfolge verbreiten diese und andere Gurus mit immer weiteren Seminaren und einschlägigen Büchern unbeirrt die Theorie vom Erfolg nach der Methode des „Positiven Denkens“. Die Öffentlichkeit und die breite Masse scheinen die zuwiderlaufenden Fakten kaum zu stören.

Die **Tragik** des **Fanatikers:** nach **außen positiv,** nach **innen negativ**

Ich habe im Medienkontakt mit Erfolgs- und Motivations-Gurus erleben müssen, dass diese „Positiv-Denker“ regelrecht mit Schmutz um sich geworfen haben. Solch ein negatives Verhalten hätten wohl die wenigsten bei diesen Menschen erwartet. Für mich war das jedoch keine Überraschung. Denn in der Psychologie gibt es das Gesetz der entgegengesetzten Wirkung. Und dieses besagt: „Was ich ganz besonders will, wird in der Regel nicht eintreten. Was ich ganz besonders nicht will, wird in der Regel eintreten.“

Die Gültigkeit dieses Gesetzes kennt jeder aus dem Alltag. Wenn ich mir sage, ich darf im Gespräch auf keinen Fall stottern oder zittern, dann werde ich dies umso eher und stärker tun, je mehr Angst ich davor habe. Und so sind mir kaum Menschen mit einer dermaßen negativen Grundhaltung in ihrem Denken begegnet wie die fanatischen Vertreter des zwanghaften „Positiven Denkens“. Hier führt sich die Lehre selbst ad absurdum, und daher steht dieser Punkt auch am Ende meiner kurz gefassten Kritik des „Positiven Denkens“.

Warum aber glauben dennoch so viele Menschen an die Macht des „Positiven Denkens“?

- Weil einfache Lösungen gesucht werden, für die man sich nicht sonderlich anstrengen muss.
- Weil die Erfüllung vieler Wünsche in so weite Ferne gerückt ist, dass diese nur durch ein Wunder wahr werden können.
- Weil nicht wenige Menschen glauben, durch „Positives Denken“ einer Auseinandersetzung mit sich und ihrer Umgebung entgehen zu können.
- Weil das „Positive Denken“ eine Verdrängungspsychologie nach dem Motto ist: „Was nicht sein soll, das nicht sein darf.“
- Weil diese Verdrängungspsychologie andere Verdrängungsmechanismen ersetzt, die heute – im Zeitalter der modernen Psychologie – nicht mehr gesellschaftsfähig sind.

kapitel **zwei**

ärger und dessen produktive **funktion**

Ärger: zentrales Gegenphänomen zum zwanghaft Positiven Denken

Im Gegensatz dazu, was uns die Lehrmeister des „Positiven Denkens“ weismachen wollen, ist es äußerst wünschenswert, ja gesund, negative Gedanken und Gefühle zuzulassen, zu durchleben und auszudrücken. Eine besondere Stellung kommt dabei dem Gefühl „Ärger“ zu. Dieses Gefühl integriert die meisten anderen „negativen“ Gefühle. Ärger besitzt zudem eine wichtige Funktion für Selbstbehauptung und Selbstbewusstsein. „Sich ärgern dürfen“ transportiert am ehesten die Botschaft meiner Kritik des „Positiven Denkens“ in die alltägliche Lebenspraxis.

Wir leben in einer Ärgergesellschaft

Ärger ist ein Alltagsphänomen. Nach Angaben einschlägiger Forschungsstatistiken überkommt uns dieses Gefühl mindestens zwei- bis dreimal pro Woche. Mir erscheint diese Zahl in der heutigen Zeit eher niedrig gegriffen zu sein. Unsere Welt ist in den letzten Jahrzehnten in fast allen Lebensbereichen immer komplexer, konfliktreicher und problemhaltiger geworden. Auch die Erwartungen und Idealvorstellungen sind in auffälliger Weise gestiegen. Insofern nimmt das Ärgerpotenzial in der modernen Gesellschaft, ja in der gesamten Welt stetig zu.

In der Ärgeremotion treffen sich die anderen negativen Gefühle.

Es könnte sein, dass dies zu einem der größten psychischen sowie politischen Probleme unseres noch ganz jungen Jahrhunderts wird und daraus neue „Revolutionen“ entstehen.

Demgegenüber ist es unverständlich, dass sich Forschung und Öffentlichkeit bislang viel zu wenig mit dem Thema Ärger beschäftigt haben. Meiner Ansicht nach liegt das auch an der Schieflage unserer westlichen Lebensphilosophie. „Negative Gefühle“ werden weitgehend als unerwünscht abgestempelt, verdrängt, als unnötiges Übel angesehen. Gleichzeitig wird jedoch das frustrationserzeugende und realitätsferne generelle Machbarkeitsideal hochgehalten. So steht aktuell einem ständig steigenden Ärgerpotenzial ein ständig abnehmender Ärgerausdruck gegenüber. Ich behaupte: Wir leben heutzutage nicht in der proklamierten „Spaßgesellschaft“, sondern in einer „Ärgergesellschaft“.

Enttäuschte Erwartungen als Ärgerursache

Ärger entsteht, wenn Erwartungen enttäuscht werden, die jemand an sich selbst, an andere Menschen, an eine bestimmte Umgebung oder Situation stellt. Das Verletzen von gesellschaftlichen Normen durch andere führt zu Ärgergefühlen. Der Verlust von Kontrolle über die eigenen Lebensbedingungen trägt zu Ärger bei. Ein typischer Fall von Ärger liegt vor, wenn

Wir leben nicht in einer Spaß-, sondern in einer Ärgergesellschaft!

eigene Ziele durch andere Personen oder situative Bedingungen blockiert werden.

Bei Ärger wird immer eine Verantwortung zugeschrieben – entweder den (gedankenlosen, rücksichtslosen, böswilligen) Mitmenschen oder aber Sachen, etwa dem nicht richtig funktionierenden Fernseher. Es entsteht der Eindruck, dass einem ein offensichtliches oder teilweise auch nur vernebelt zu bezifferndes Leid zugefügt wurde.

Ein Fallbeispiel
Herr X wartet mit einigen anderen Menschen an einer Fußgängerampel, die auf Rot steht. Auch Kinder sind darunter. Plötzlich sieht er ein junges Paar, welches fröhlich und sich neckend über den Fußgängerweg läuft, ohne die Ampel zu beachten. Außer sich vor Ärger schreit Herr X: „Seid ihr so verliebt, dass ihr nicht mal mehr die rote Ampel erkennen könnt?“ Darauf die Rückantwort: „Opa, lass doch deinen Frust gefälligst da raus, wo du ihn her hast!“

Herr X ärgert sich über vieles:
- über die Verletzung der Norm, dass man bei Rot nicht über die Ampel geht;
- über die Verletzung der Norm, dass Erwachsene Kindern ein gutes Beispiel geben sollen;
- darüber, dass er von den jungen Leuten nicht ernst genommen, sondern noch zusätzlich beleidigt wurde;

Wir ärgern uns, wenn jemand unsere eigenen Normen verletzt oder unsere Erwartungen enttäuscht.

- darüber, dass er letztlich gegenüber dem frechen Paar keine Handhabe hat und einen ausgeprägten Kontrollverlust erlebt;
- darüber, dass er als Einziger den Mund aufgemacht und das Paar offensichtlich zur unverschämten Antwort provoziert hat, was seinem Maßstab, stets sachlich bleiben zu wollen, widersprach, so dass er in gewisser Weise von sich selbst enttäuscht ist;
- darüber, dass er sich überhaupt ärgerte und diesen Ärger noch nach Stunden mit sich herumträgt, was die Angelegenheit eigentlich gar nicht wert wäre.

Sie sehen, welch großes Ärgerpotenzial in einer so belanglosen Situation stecken kann – wobei ich die Analyse und die Argumente noch nicht einmal ausgereizt habe. In diesem Beispiel waren sich außerdem die Personen fremd, der Anlass relativ nichtig. Über Bedeutsames und über nahe stehende oder geliebte Menschen ärgert man sich naturgemäß weitaus mehr und auch sehr viel länger.

Zwei weitere Beispiele

Eine Frau ärgert sich seit Jahren über den Alkoholkonsum ihres Ehemannes und dessen Lethargie im Haushalt. Der Mann behauptet, er würde gar nicht trinken, sie sei in diesem Punkt einfach überempfindlich. Die Frau redet sich regelmäßig ein, die Schwächen ihres Mannes würden sich irgendwann bessern und sie könne ihn noch „erziehen". Doch mit der Zeit rastet sie immer öfter aus und wird regelrecht rasend, wobei sie sich

tage-, ja wochenlang nicht mehr beruhigt. Sie hasst ihren Mann und denkt an Trennung.

Das Ehepaar Y hat das sauer verdiente Geld in Aktienfonds investiert. Beraten wurde es dabei vom Bruder der Ehefrau. Dieser ist im Bankgewerbe tätig und sprach von ganz außergewöhnlichen Chancen. Lange hat er darauf gedrungen, dass seine Verwandten ihr Geld nicht so einfach auf dem kaum rentierlichen Zinskonto liegen lassen. Innerhalb eines Jahres ist die investierte Geldsumme jedoch dahingeschmolzen, da die gekauften Fonds inzwischen nur noch ein Drittel ihres Wertes besitzen. Die Eheleute finden seit Monaten keinen Schlaf. Sie ärgern sich über die Börse und über sich selbst. Als Hauptübeltäter sehen sie allerdings den Bruder beziehungsweise Schwager an. Das Verhältnis zwischen den Verwandten ist durch die Verärgerung dauerhaft gestört.

Die **positive Bedeutung** von **Ärger** für **Identität** und **Selbstbehauptung**

Beim Empfinden von Ärger handelt es sich um einen äußerst nützlichen psychischen Prozess. Sich ärgern stellt eine unabdingbare Interaktion mit der Umgebung dar, ist ein ganz wichtiges psychisches Warnsignal nach dem Motto: „Pass auf, da ist etwas nicht in Ordnung, da muss etwas bereinigt oder ver-

Unter Interaktion versteht man alles Handeln, das zwischen Personen oder Gruppen stattfindet.

ändert werden!“ Insofern ist selbst eine Überreaktion auf Ärgerreize durch übertriebene Ideale oder Erwartungen positiv, weil die Emotion Ärger zur Aufarbeitung drängt.

Ärger dient zur Grenzbereinigung

Wenn ich mich ärgere, heißt das: Meine Existenz ist getroffen und ich muss dazu Stellung beziehen. Etwas stellt sich mir in den Weg. Ich muss darüber nachdenken, ob ich das Hindernis wegräumen soll oder ob ich mich zumindest damit auseinander zu setzen habe. Es könnte ja auch sein, dass ich mich selbst mit meinen Wünschen und Einstellungen ändern muss.

Ärger ist eine Abgrenzungsemotion, dient zur Grenzbereinigung, zum richtigen Abstand gegenüber Personen und Sachverhalten. Fehlender Respekt und Angriffe auf die eigene Person werden dadurch abgewiesen. Wutanfälle erweisen sich hier – sofern sie angemessen sind – als Kraftquellen, die sehr viel bewirken können. Ärger hat damit zu tun, dass wir unsere Lebensbedingungen nach unseren Bedürfnissen gestalten wollen. Werden wir eingeengt oder können wir bezüglich eigener Vorhaben nichts erreichen, dann beeinträchtigt dies unser Selbstbewusstsein. Sind wir psychisch gesund, beginnen wir uns zu wehren, zu ärgern. Ärger ist folglich ein elementarer Ausdruck eigenständiger Lebensvitalität gegenüber einer andersartigen Umgebung. Dank der Emotion Ärger kann die eigene Identität durch gesellschaftlichen Druck und durch dominante einzelne Menschen nicht so leicht gebrochen werden. Ärger fördert das Selbstwertgefühl, wenn daraus individuelle Interessen erkannt werden und/oder auch etwas daraus bewirkt wird.

Ärger als Änderungsemotion

Es ist ohnehin sinnvoll, sich über Missstände zu ärgern, damit Schwächen unserer Gesellschaft überwunden werden. Jemand, der seinen Ärger akzeptiert und angemessen zum Ausdruck bringt, nimmt sich selbst ernst und glaubt daran, dass er etwas in seinem Leben ausrichten kann. Die Emotion Ärger ist somit eine der wichtigsten Änderungsemotionen; sie setzt enorme Energie frei, gerade in der sozialen Interaktion mit „Fassadentypen" und „Stromlinientussis", aber auch im Umgang mit Hierarchien und Institutionen.

Ulrich Mees hat in seinem Buch *Psychologie des Ärgers* zusammengefasst, was die Hauptaufgaben gesunden Ärgerns sind:

- Energetisierung und Vitalisierung von Verhalten
- Unterbrechung von ungünstigen Interaktionen und Situationen
- Kommunikation negativer Gedanken und Gefühle und negativer Betroffenheit

Ärger hat etwas mit der Verteidigung der persönlichen Existenz zu tun, mit dem individuellen Überleben und dem Stehen zur eigenen Emotionalität.

- Schutz vor den Angriffen auf das eigene Selbst
- Hinweisreiz dafür, dass eine bestimmte Situation bewältigt werden muss

Gesundes versus krankhaftes Ärgern

Die produktiven Funktionen von Ärger beziehen sich auf das gesunde, nicht aber auf das seltenere krankhafte oder pathologische Ärgern. Bei Menschen, die wenig oder fast keine Selbstkritik kennen, kann im Ärgern ein ziemlicher Machtanspruch liegen. Das Motto lautet dann: „Ich bin das Maß aller Dinge. Jeder verhalte sich bitteschön so, wie es mir genehm ist.“ Es ist jedoch wichtig, sich auch über sich selbst ärgern – und sich selbst ändern – zu können. Nur psychisch kranke Menschen können dies grundsätzlich nicht. Die überwiegende Zahl (über 90 Prozent) der Menschen in unserer Gesellschaft ist dazu in der Lage. Teilweise geschieht das allerdings im Übermaß. Die Betroffenen haben dann eher das umgekehrte Problem: Sie sind nach außen hin ärgergehemmt. Sie nehmen sich in ihrem berechtigten Ärger wenig bis gar nicht ernst. Und was weitaus schlimmer ist: Sie können ihren Ärger nicht oder nicht angemessen ausdrücken.

Psychische Nachteile einer Ärger- und Aggressionshemmung

Viele seelische Erkrankungen stehen in Zusammenhang mit einer Ärger- und Aggressionshemmung. Ein Anliegen jeder Form anerkannter Psychotherapie ist es, Menschen dabei zu helfen, ihre diesbezüglichen Gefühle zu erkennen und daraus sinnvolles Verhalten zu entwickeln. Ärger zu verdrängen oder ihn nicht wahrhaben zu wollen heißt nicht, die dahinter stehenden Probleme, Konflikte und Missstände sind beseitigt. Unterschwellig, sozusagen unbewusst schwelen diese in zwischenmenschlichen und situativen Interaktionen weiter. Sie belasten die Psyche dauerhaft, zum Teil schwer. Der Schwelbrand kann mit der Zeit alle Verbindungskabel durchschmoren lassen, so dass Beziehungen auf ewig gestört oder überhaupt nicht mehr möglich sind.

Das trügerische Ideal der harmonischen Ehe

Denken wir etwa an das Ehepaar, das sich nach eigenem Bekunden selten oder gar nie streitet. Für Außenstehende ist es häufig das bewunderte, ideale Paar. Von ihm glaubt niemand, es könne jemals in eine Krise geraten oder würde sich wie so viele andere Paare trennen. Und die Eheleute selbst sind der Meinung, sich ihrem Partner gegenüber äußerst verständnis-

Wenn verdrängter Ärger weiterschwelt, wird der Psyche großer Schaden zugefügt.

und rücksichtsvoll zu verhalten. Sie sind davon überzeugt, eine ideale, die beste aller Ehen zu führen. Mit der Zeit werden beide jedoch immer unzufriedener. Es findet keine Entwicklung in ihrer Beziehung statt, und die jeweiligen Bedürfnisse werden nicht richtig erfüllt. Die Kommunikation ist fassadenhaft, niemand sagt in den wichtigen Bereichen, was er wirklich fühlt und denkt.

Schließlich passiert das für die Beteiligten und für alle Nahestehenden Unfassbare: Das Paar trennt sich, sogar ziemlich sang- und klanglos. Und einschließlich der Eheleute weiß niemand so recht, warum. Immerhin gab es keinen Streit, und man hat sich bis zum Schluss doch gut verstanden. Aber der Schwelbrand hat alles Positive, jedes ehrliche Gefühl, welches anfangs vorhanden war, zerstört. Dies ist kein Schauermärchen, sondern ich habe Derartiges während meiner nunmehr fast zwanzigjährigen Tätigkeit als Psychotherapeut sehr häufig erlebt.

Der Schaden des sorglosen Bauherrn

Auch eine notwendige Beseitigung von Missständen lässt sich durch das Übergehen berechtigten Ärgers nicht oder lediglich selten ermöglichen. So machen zahlreiche Häuslebauer die ausgesprochen unangenehme Erfahrung, dass sie sich bei ihrem Bauvorhaben über Ausführung, Qualität und Rechnungen

Was wie vollkommene Harmonie aussieht, ist oftmals nur Fassade. Wenn diese zusammenbricht, ist der Schock für die Beteiligten wie für Außenstehende umso größer.

gewaltig ärgern müssen. Wird hier nicht schnellstens entgegengesteuert, indem man sich mit den Ausführenden in aller Deutlichkeit und Schärfe anlegt, bekommt man ein Haus und eine Rechnung präsentiert, die man niemals wollte.

Entstandene Mängel lassen sich dann nach Fertigstellung des Hauses teilweise nicht mehr beseitigen, so dass man unter Umständen bis an sein Lebensende mit ihnen leben muss. Der Rechtsweg gestaltet sich außerordentlich mühsam. Meist kommt es zu einem Vergleich, von dem der Bauherr wenig hat. Und der Gutachter gibt nicht selten an, die Beseitigung des Mangels sei unverhältnismäßig und nur „Geldgeschenke" könnten einen gewissen Ausgleich darstellen. Fazit: Hätte man sich beizeiten geärgert, wäre einem viel Ärger erspart geblieben!

Ärger wendet sich gegen einen selbst

Werden Ärger und Aggression in sich hineingefressen, dann wendet sich auf Dauer der Ärger gegen einen selbst. Menschen, die sich nicht oder so gut wie nicht ärgern können, wirken meist traurig und depressiv. Die Unfähigkeit, sich zu ärgern, ist einer der Gründe für Verstimmungen bis hin zu Depressionen. Bekanntlich besteht die Grundstörung bei depressiven Menschen auch darin, dass diese nicht angemessen für ihr eigenes Selbst und ihre Bedürfnisse eintreten können.

Unterdrückter Ärger signalisiert Resignation

Seinen Ärger nicht auszudrücken heißt auch zu resignieren, aufzugeben, nicht für die eigene Person und für eine Veränderung von Missständen einzutreten. Der betreffende Mensch nimmt an, so wenig wert zu sein, dass er seine eigenen Gefühle verdrängen und missachten muss, obwohl Wut über Schicksal und Umstände durchaus berechtigt wäre. Dieser Mensch glaubt, in seinem Leben nichts mehr bewirken zu können. Gleichzeitig steht er unter dem seelischen Druck aufgestauter Ärger- und Aggressionsempfindungen. Zusätzlich kann es sein, dass er sich seines Ärgers und seiner Aggressionen schämt, dass er sich schuldig fühlt, derart „destruktive" Emotionen zu verspüren. Auch dies führt zum Gefühl der Wertlosigkeit und Machtlosigkeit, zur Unfähigkeit, sich abgrenzen und verteidigen zu können.

Durch das Ideal der Harmonie zum Selbstmord

Bei Ärgerhemmung spielen die Ideale der absoluten Harmonie, der völligen Sündlosigkeit, der charakterlichen Reinheit eine bedeutende Rolle. Diese Ideale wurden durch Erziehung und Religion vermittelt und verstellen den Weg zum Selbst und zur Selbstbehauptung. Unterdrückter Ärger kann im Extrem sogar zu Selbstmordtendenzen führen. Das Leben wird durch mangelnde Selbstbehauptung und Selbstgestaltung immer stärker einge-

Bei Menschen, die ihren Ärger unterdrücken, statt auszudrücken, sind Identität und Selbstbewusstsein gering ausgeprägt. Die Betroffenen ordnen sich stark anderen Menschen und den Umgebungsbedingungen unter.

schränkt, bis kaum noch Lebensraum übrig bleibt. Es herrschen fast nur noch Angst, Schuldgefühle und aufgestauter Ärger vor. Befriedigende Beziehungen existieren nicht mehr, ebenso gibt es keine erstrebenswerten Werte mehr, für die es sich zu leben lohnte. Der Selbstmord stellt dann die einzige Möglichkeit dar, über sein eigenes Leben doch noch selbst zu entscheiden.

Krankhafte Ärgerformen durch Unterdrückung

Krankhafte Formen des Ärger- und Aggressionsausdrucks sind häufig psychische Folgeschäden der Ärgerhemmung. Dazu zählen Überempfindlichkeit, Mimosenhaftigkeit, Verlust der Triebkontrolle, extreme Entladung von Aggressionen bis hin zu Kriminalität und Verbrechen sowie die Unfähigkeit, sich produktiv zu streiten, Konflikte auszuhalten und damit umzugehen. Wenn aber wichtige Konflikt- und Aggressionserfahrungen fehlen, nimmt die unterschwellige Ärger- und Aggressionsbereitschaft zu.

info

Passive Aggressionen fügen dem Selbstwert anderer Menschen weitaus größere Verletzungen zu als der direkte Ausdruck von Ärger. Jeder, der bedeutsamen Ärger unterdrückt, drückt diese Emotion letztlich unterschwellig und damit äußerst unproduktiv aus. Berechtigten Ärger kann ein Mensch folglich gar nicht unterdrücken.

Ärgerhemmung fördert Angststörungen

Unterdrückter Ärger trägt zur Entwicklung von Angststörungen bei. Bereits aus der Depressionsforschung ist bekannt, dass viele Depressive neben ihren Verstimmungen unter Panikattacken leiden. Der „Ängstliche" ist ein Mensch, der Angst hat, die Kontrolle über sich und sein Leben zu verlieren. Er traut sich nicht zu, den Unbilden des Lebens körperlich und psychisch zu trotzen. In Angstphasen glaubt er, der Umgebung und seinen eigenen Unzulänglichkeiten völlig ausgeliefert zu sein. Ihm fehlt das Urvertrauen in die Welt und in sich selbst. Ärger und Ärgerausdruck sind Gestaltungskräfte, die sich der Umgebung entgegensetzen und sie zu verändern versuchen. Dieses starke Gefühl des Ärgers kann dauerhaft dazu beitragen, extreme Kontrollverlustängste gar nicht erst entstehen zu lassen oder sie zumindest in Schach zu halten.

Ärgerhemmung kann zu Zwangsverhalten führen

Zwangsverhalten tritt häufig in Kombination mit Depressionen auf und steht oft auch in Zusammenhang mit unterdrücktem Ärger. Zwanghafte Menschen haben Angst: Angst, dass ihnen die Kontrolle über ihre Lebenssituation entgleitet, Angst, etwas falsch zu machen und dadurch Schaden oder Katastrophen heraufzubeschwören. In wichtigen Lebensbereichen sind sie angepasst bis überangepasst. Sie wollen alles gut, richtig,

Ängste hat jeder Mensch – das gehört zum Leben. Wir sind unseren Ängsten jedoch nicht irrational ausgeliefert. Auch deswegen nicht, weil wir die Gabe haben, uns zu ärgern, und auf diese Weise unseren Ängsten Paroli bieten können.

hundertprozentig machen. Selbst vor ihren Gedanken, vor ihrem eigenen Denken haben sie nicht selten Angst. Sie glauben, durch falsches Denken Schuld auf sich zu laden oder Realitäten zu schaffen, die Unheil anrichten. All dies und meine Erfahrung mit Zwangserkrankten spricht dafür, dass die Betroffenen sich klein machen, für ihr Selbst nicht angemessen eintreten und eine Menge Ärger aufstauen und unterdrücken.

Ärgerhemmung kann Essstörungen bewirken

Auch bei Essstörungen ist die Ärgerunterdrückung offensichtlich. Der Ärger, der sich gegen das gesellschaftlich vorherrschende Schönheitsideal oder gegen die Erwartungen der Umgebung wenden sollte, zielt beim Essgestörten gegen ihn selbst. Er kämpft in beispielloser Weise gegen Bedürfnisse seines Körpers und seiner Seele. In seiner Wut auf sich selbst frisst er entweder im direkten Sinn des Wortes alles in sich hinein (Übergewicht), oder er misshandelt sich durch Diäten oder abwechselnde Fressanfälle und Erbrechen (Magersucht, Bulimie). Dies kann so weit gehen, dass Essgestörte sich durch eine extreme Selbstaggression in ihrer Nahrungsaufnahme unter das Lebensminimum begeben und ihr Leben verlieren (10 bis 18 Prozent der Magersüchtigen sterben an ihrer Erkrankung).

Alkoholismus geht oft mit Ärgerhemmung einher

Seelische Ursachen für Alkoholismus liegen oft darin, dass die Betroffenen im nüchternen Zustand häufig sehr unsicher, überangepasst, aggressionsgehemmt, leistungsorientiert, perfektionistisch und von anderen Menschen abhängig sind. Sie engen sich in ihrer Identität und in ihrem Lebensspielraum so stark ein, dass teilweise ein Leeregefühl entsteht. Ärger, Aggression, Selbstbehauptungstendenzen, Stress und Überforderung durch die Umgebung werden mit Alkohol heruntergespült. Und so ist es ein wichtiges Therapieziel für Alkoholkranke zu lernen, sich im nüchternen Zustand zu behaupten und nicht erst durch Alkoholenthemmung – was sie dann hemmungslos tun.

Ärgerhemmung verursacht viel seelisches Leid

Durch Ärgerhemmung können die unterschiedlichsten psychischen Probleme und Erkrankungen mitverursacht werden. Ich habe hier nur einige der wichtigsten skizziert; die Auflistung ließe sich noch lange fortsetzen.

Als Resümee lässt sich sagen: Die in unserer Gesellschaft vorherrschende Unterdrückung von berechtigtem Ärger ist in ihrem Extrem schädlich. Sie steht mit zunehmenden psychischen Störungen der Bevölkerung in Zusammenhang.

Alkoholiker leiden oft unter dem Problem der Ärger- und Aggressionshemmung.

Unterdrückter Ärger macht Menschen unter Umständen leidensbereiter, aber keinesfalls selbstbewusster, emanzipierter, überlebensfähiger und gesünder. Durch Ärgerhemmung setzt man sich schädigenden Bedingungen oft viel zu lange „geduldig" aus. Langfristig führt dies möglicherweise sogar zu irreparablen psychischen und auch körperlichen Beeinträchtigungen.

Körperliche Erkrankungen durch **Ärgerhemmung**

Die meisten Menschen haben davor Angst, den Ärger anderer zu erleben oder eigenen Ärger auszudrücken. Dennoch weiß nahezu jeder, dass mit dem Phänomen Ärger durchaus körperliche Reaktionen bis hin zu Erkrankungen verbunden sein können. Sonst gäbe es nicht die unzähligen, über viele Jahrtausende hinweg entstandenen Redewendungen der Alltagssprache zum Thema Ärger. Hier einige Kostproben:

- Sich ein Loch in den Bauch ärgern
- Vor Ärger oder Wut platzen
- Vor Ärger ganz krank sein
- Der Ärger schlägt auf den Magen
- Sich totärgern
- Vor Ärger blass und bleich werden
- Sich die Haare vor Ärger raufen

Dass Ärger auch körperlich erlebt wird, wussten die Menschen schon immer. Das beweisen unzählige Redewendungen der Alltagssprache.

- Das Blut schießt vor lauter Wut in den Kopf
- Man schäumt vor Ärger und Wut
- Man könnte explodieren vor Wut
- Dampf ablassen müssen
- Das stößt einem sauer auf
- Das geht einem unter die Haut
- Da kommt einem die Galle hoch
- Etwas in sich hineinfressen
- Das Herz bricht vor Gram

Offenkundig beobachteten die Menschen schon zu allen Zeiten: Unterdrückter Ärger stellt eine enorme Belastung dar. Es existieren jedoch auch wissenschaftliche Befunde dafür, dass insbesondere langfristig unterdrückter Ärger körperliche Erkrankungen hervorrufen und aufrechterhalten kann:

- **Koronare Herz-Kreislauf-Erkrankungen:** Auffällig ist die enge Beziehung zwischen Depression (kann durch Ärgerhemmung miterzeugt werden, siehe Seite xx) und koronaren Herz-Kreislauf-Erkrankungen. Dies deckt sich mit Befunden zu einem erhöhten Hirnschlagrisiko bei Ärgerhemmung.
- **Magen-Darm-Erkrankungen:** Bei Magen-Darm-Erkrankungen gibt es unterschiedliche Befunde. Dass echte Magengeschwüre allein – wie häufig angenommen – durch Unterdrückung von Ärger entstehen können, erscheint strittig oder gar unwahrscheinlich. Jedoch zeigen sich bei Colitis ulcerosa und Morbus Crohn deutliche Zusammenhänge mit der Ärger- und Aggressionshemmung dieser Patienten. Unstrittig ist,

Vor allem erhöhter Blutdruck kann durch unterdrückten Ärger entstehen.

dass unterdrückter chronischer Ärger (der als Stress wirkt) zumindest zu psychovegetativen Beschwerden und Störungen im Magen-Darm-Bereich führen kann.

- **Weitere Erkrankungen:** Chronische Hauterkrankungen wie Neurodermitis können durch unterdrückten Ärger in der Ausprägung der Symptomatik negativ beeinflusst werden. Fibromyalgie und Diabetes mellitus werden im Zusammenhang mit Ärger- und Aggressionshemmung genannt. Eine Reihe anderer körperlicher Erkrankungen, die in Verbindung mit Ärgerhemmung auftreten, bleiben bisher im Dunkeln, da hierzu keine Untersuchungen durchgeführt wurden.

Krank durch übertriebenen Ausdruck von Ärger?
Unter Umständen macht auch das Gegenteil von unterdrücktem Ärger, nämlich exzessiver Ärgerausdruck, krank; diese These ist jedoch umstritten. Exzessiver Ärgerausdruck kommt im Zusammenhang mit organischen Erkrankungen (z.B. Hirnverletzungen oder genetische Defekte) oder als Ergebnis starker Ärgerunterdrückung und psychischer Krankheiten („Dampfkessel", antisoziale Persönlichkeit) vor und stellt eher den Ausnahmefall dar. Diesbezüglich wird gelegentlich die Vermutung geäußert, es läge eine erhöhte Gefährdung für koronare Herz-Kreislauf-Erkrankungen vor. Meiner Meinung nach muss sich da jemand schon über lange Zeit maßlos aufregen und das auch noch unangemessen und ineffektiv. Denn es gibt wissenschaftliche Untersuchungen, die zeigen, dass verstärkter Ausdruck von Ärger keine körperlichen Risiken birgt.

Wie **lässt** sich der **schädigende Einfluss erklären?**

Als intensive Emotion löst Ärger Stress- und Erregungsprozesse aus. Wird Ärger akzeptiert, angemessen ausgedrückt und ergeben sich daraus Konsequenzen, die das Ärgernis ausräumen (sei es auch nur durch eine Änderung der Einstellung), dann wurde der Ärger abgearbeitet. Dies bedeutet, dass körperliche und seelische Erregungs- und Stresssymptome wieder verschwinden. Es ergibt sich eine neue, ausgeglichene Interaktion mit der Umgebung und mit sich selbst. Dieser Zustand kann bis zum nächsten größeren Ärgernis anhalten. Ärger stellt hier eine kurzfristige Belastung mit anschließendem das Selbstwertgefühl steigernden Erfolgserlebnis dar.

Bei unterdrücktem Ärger sehen die Belastungswerte für Körper (und Seele) ganz anders aus. Ärger, der unterdrückt wird, ist nicht verschwunden. Da er nicht zum Ausdruck gebracht und auf diese Weise bereits ein erhebliches Stück abgebaut wurde, bleibt er der Seele – je nach Bedeutung – womöglich über Tage und Wochen erhalten. Dies ist besonders dann der Fall, wenn man mit den dahinter stehenden Konflikten und Problemen in kurzen Abständen erneut konfrontiert wird.

Zudem bleibt bei unterdrücktem Ärger alles beim Alten. Das Ärgernis wurde nicht ausgeräumt. Somit ist weiteres Ärgerpotenzial bereits vorprogrammiert. Menschen, die in einer be-

stimmten Situation Ärger unterdrücken, tun dies mit großer Wahrscheinlichkeit chronisch, das heißt, auch zu anderen Anlässen. Ärger und Aggression werden als Übel abgelehnt. Wenn eine solche Einstellung vorliegt, potenzieren sich der unterdrückte Ärger, der aufgestaute Druck und damit auch die Belastungen.

Unterdrückter Ärger führt zu Dauerstress

Unterdrückter Ärger führt zu anhaltendem Stress und Dauererregung. Der Körper schüttet massenhaft Stresshormone aus, zum Beispiel Adrenalin. Der Blutdruck steigt und bleibt erhöht, da der Ärgergehemmte nicht mehr „von der Palme“ kommt. Die betroffenen Menschen entwickeln meist zusätzlich noch Schuldgefühle, was ebenfalls erregungsaufbauend wirkt. Es wird ständige Energie zur Zurückhaltung des Ärgers benötigt und damit regelrecht zum Fenster hinausgeworfen.

Das Resümee: Unterdrückter Ärger stellt einen dauerhaften Stressfaktor für Körper und Seele dar. Alle körperlichen Krankheiten, bei denen Stress und Depression als mitverursachende Faktoren bekannt sind, können auch mit chronisch unterdrücktem Ärger in Verbindung stehen. Wenn Menschen ihre Gefühle nicht zeigen, soll sich das in einer hohen endokrinen Erregung in allen körperlichen Systemen auswirken und eine Art innere Affektentladung bedeuten. Ärgerhemmung hätte insofern nachteiligen Einfluss auf den gesamten körperlichen Organismus. Die nicht ausreichend vorhandene Fähigkeit, Gefühle wahrzunehmen und auszudrücken, ist demnach ein wesentlicher Faktor für die Entstehung und Aufrechterhaltung von psychosomatischen Erkrankungen.

Gründe, warum Ärger unterdrückt wird

Die Neigung zu Ärger- und Aggressionshemmung stellt ein hohes Risiko für die körperliche wie für die seelische Gesundheit dar. Deshalb sollte jeder Mensch prüfen, inwieweit er im Umgang mit Ärger die richtige Einstellung besitzt und sinnvolle Verhaltensweisen an den Tag legt. Bereits von frühester Kindheit an lernen wir, dass es nicht gerade erwünscht ist, sich zu ärgern. Dennoch müssen Wut und Aggression wichtige vitale Funktionen zukommen, sonst wären sie nicht als genetischbiologisches Programm mit Beginn unseres Menschseins in Form von Weinen und Trotzen vorhanden.

Ärgerhemmung ist keine Lappalie! Die Unterdrückung „negativer Gefühle“ bedeutet eine erhebliche Gefahr für Körper und Seele.

Eltern sind ein schlechtes Modell

Natürlich muss ein Mensch lernen, sich durch Anpassung in seine Umgebung zu integrieren. Dabei sollte er allerdings auch den Sinn von und den differenzierten Umgang mit Ärger und Aggression beigebracht bekommen. Dies ist jedoch höchst selten der Fall. Wer sollte daran ein Interesse haben? Die meisten Eltern fühlen sich durch allzu großes Selbstbewusstsein ihrer Sprösslinge und noch mehr durch deren Ärgerausbrüche in der Regel gestört. Oft reagieren sie mit ausgeprägter eigener Verärgerung. Dies geschieht zum Teil in einer Art und Weise, wie sie es sich gegenüber weniger abhängigen Personen kaum erlauben würden.

Außerdem bieten Eltern mit ihrer eigenen Streit- und Konfliktkultur selten ein geeignetes Modell, aus dessen Beobachtung Kinder einen konstruktiven Umgang mit Ärger lernen könnten. Darüber hinaus würde allzu konsequentes kindliches Ärgern dessen emotionale Bedürfnisse gefährden. Erziehung hat eben oft viel mit der geschicktesten Art, kindlichen Ärger zu unterdrücken, gemein.

Wenn alles nur Fassade ist

Später im Erwachsenenalter werden wir auf die Lebensphilosophie des „Positiven Denkens“ getrimmt. „Keep smiling“ wird

Von Kindesbeinen an lernt der Mensch: Ärgern ist verpönt! Und so lernt er kaum, zwischen berechtigtem und unberechtigtem Ärger zu unterscheiden.

als absolutes Muss für Karriere und gute Beziehungen angesehen. Wer sich nicht daran hält, bekommt bereits bei den ersten Ansätzen produktiver Ärger- und Streitkultur einen Dämpfer durch ablehnendes Verhalten. Die Fassade aufrechterhalten, den schönen Schein wahren, zum eigenen Vorteil taktieren und überzeugend lügen – das sind für viele Menschen die wichtigsten Verhaltensregeln in unserer Gesellschaft. Man hat gelernt, sich allen situativen Bedingungen gegenüber weitgehend angepasst zu zeigen und möglichen Verdruss unter Verschluss zu halten. Mit der Zeit wird die Wahrscheinlichkeit immer geringer, dass jemand regelmäßig das Risiko eingeht, sich im berechtigten Ärgerausdruck und in einem produktiven Streit mit anderen Menschen ehrlich auseinander zu setzen. Es fehlen einfach die notwendigen Bedingungen dazu.

Die gute Nachricht: Gesundes Ärgern kann man lernen

So lässt sich also sagen, dass eine produktive und erfolgsorientierte Funktion des Ärgers für viele Menschen zu keinem Zeitpunkt ihres Lebens erfahrbar wird. Oft lernen sie bis ins hohe Alter nicht, eine differenzierte und eher bejahende Bewertung von Ärger vorzunehmen, Ärger angemessen auszudrücken und damit ihr Selbstbewusstsein und ihre Lebensbedingungen zu verbessern. Soweit die schlechte Nachricht.

Wenn äußere Erfahrungen mit dem Tabuthema Ärger verinnerlicht werden, können viele Menschen ihre Ärgeremotion nicht einmal bei sich selbst akzeptieren. Sie entwickeln Schuldgefühle wegen eines sehr vitalen Gefühls.

Die gute Nachricht aber ist: Man kann durchaus lernen, Ärger konstruktiv auszudrücken und dadurch körperlich und seelisch gesund zu bleiben. Dazu bedarf es jedoch neuer Erfahrungen, einer neuen Lerngeschichte, um die beschriebenen Defizite nachzuholen. Es ist eine neue Einstellung zur Emotion Ärger vonnöten, zu „negativen Gefühlen“ ganz generell. Mehr noch: Es ist eine neue Lebensphilosophie nötig.

Die in diesem Buch formulierte Philosophie steht der herrschenden Lebensphilosophie gegenüber. Ich erhoffe mir ein kritisches Überprüfen, eine Kurskorrektur, ein Ablösen der derzeitigen Lebensphilosophie, damit die Menschen es künftig leichter haben, sich mit ihren echten Bedürfnissen ehrlich auseinander zu setzen und Konflikte besser zu bewältigen.

Angemessener Ärgerausdruck – Grundlagen **intelligenten Ärgerns**

Dieses Buch befasst sich mit dem Phänomen der Ärgerunterdrückung in den tragenden Teilen unserer westlich geprägten Gesellschaft. Angesprochen ist die große Mehrheit der Menschen, nicht so genannte Randgruppen teilweise kriminellen Charakters. Letztere zeigen durchaus bestimmte Formen der Ärgerunterdrückung, die sich dann in aggressiven Exzessen

Ärgern Sie sich, denn Ärgern verändert die Gesellschaft!

Ausdruck verschaffen. Dies muss einzeltherapeutisch behandelt werden und überschreitet den Rahmen meines Anliegens.

Mit dieser Einleitung soll deutlich werden, dass ich keinen beliebigen, exzessiven, womöglich gar krankhaften Ausdruck von Ärger propagiere. Mir geht es um einen intelligenten, funktionalen, hilfreichen, eben produktiven Umgang mit Ärger. Zwischen funktionalem und dysfunktionalem Ärger und Ärgerausdruck muss klar unterschieden werden. In dieser Trennung liegt der Unterschied meiner Konzeption zu einer eher volkstümlichen Beurteilung von Ärger.

Lernentwicklung hin zur Differenzierung

Im Lauf seiner Entwicklung lernt der Mensch, immer differenzierter auf seine Umgebung zu reagieren. Er lernt, sich diese durch „Können", durch Fähigkeiten zunehmend zunutze zu machen. In demselben Prozess der Verfeinerung und Erweiterung reifen mit gleicher Zielsetzung auch seine Gefühle und Gefühlsausdrücke. (Jedoch ist die Vernunft in ihrer Reife nicht selten weiter als das Gefühl. Zum Teil sind beide nicht sehr weit gediehen und bedürfen der Nachreife.)

Was unsere Wahrnehmung von Ärger und den Ausdruck dieses Gefühls betrifft, so ist es wünschenswert, von dumpfer Triebhaftigkeit, Trotzigkeit, teilweise auch körperlicher Gewalt der

Misserfolge beim offenen Ausdruck von Ärger sind häufig nur von kurzfristiger Dauer. Langfristig besteht die Chance, die Lebensbedingungen zu verbessern, Selbstwert und Identität zu steigern.

Kindheit und Jugend wegzukommen. Die anzustrebende Entwicklung ist eine immer intelligentere Verarbeitung der Bedeutung des jeweiligen Ärgers und ein immer intelligenterer Ausdruck des Ärgers. Das geschieht durchaus unter Nutzung der enormen Vitalisierung dieser starken Emotion. Dabei wird das elementare Gefühl Ärger als solches akzeptiert, durchlebt, aber je nach Situation kanalisiert, funktionalisiert und der Wahrung eigener Bedürfnisse zugänglich gemacht.

Bei der Emotion Ärger haben wir es allerdings schwer, was den Reifeprozess und die Ausdifferenzierung dieses Gefühls betrifft. Denn wie beschrieben sind Ärger und in dessen Gefolge Aggression vielfach Tabuthemen. Diesen „negativen Gefühlen" lässt man in unserer Entwicklung wenig Übungs- und Entwicklungschancen angedeihen. Deshalb demonstrieren viele Menschen bis ins hohe Alter eine ziemlich kindliche Art, Ärger zu beurteilen und damit umzugehen. Das allgegenwärtige Abhängigkeitserlebnis der Kindheit wird in das Erwachsenendasein übertragen, obwohl die extremen Abhängigkeitsstrukturen nicht mehr vorliegen. Wenn aber eine kindliche, existenzielle Angst vor Ablehnung besteht, ist eine differenzierte Sicht der Vor- und Nachteile von Selbstbehauptung kaum möglich, eine Kosten-Nutzen-Rechnung wird selten durchgeführt. Dass jeder

info

Der Versuch, intelligente Formen von Ärger aufzuzeigen und zu fördern, schließt zwangsläufig die Unterscheidung zwischen angemessenem und ungesundem beziehungsweise krankhaftem Ärgern ein. Durch diese Relativierung findet das Phänomen Ärger eine gute Gewichtung und Einordnung in das große Ganze der Psyche, in dem es stattfindet.

Mensch zu seinem eigenen Vorteil lernen muss, gelegentlich Ablehnung zu produzieren und damit zu leben, kommt wenigen Menschen in den Sinn. Und gleichermaßen selten ist die Einsicht, dass es besser ist, mit bestimmten Menschen keinen Kontakt zu haben als einen schädigenden.

Zeitweilig erfrischend: urwüchsiges Ärgern

Wer schon einmal – ganz real oder im übertragenen Sinn – so richtig mit der Faust auf den Tisch gehauen hat, der weiß um die urwüchsige Kraft von Ärger und dass dessen unmittelbares Ausleben von Zeit zu Zeit erfrischend, ja manchmal sogar notwendig ist. Ein urwüchsiger Ärgerausdruck macht besondere Betroffenheit und Entschlossenheit glaubhaft, befreit und klärt eine Situation.

Würde man ein solches Verhalten allerdings durchgängig an den Tag legen, käme es zu ständigen zwischenmenschlichen Konflikten. Gegensätze würden unablässig aufeinander prallen. Erregungen würden sich wegen Nichtigkeiten hochschaukeln. Dauerärger und Dauerverletzungen des jeweiligen Selbstwertgefühls wären vorprogrammiert. Die Ärgersensibilität würde aufgrund vieler Traumata und einer langen belastenden Vorgeschichte enorm zunehmen.

Insofern ist jede funktionierende Gesellschaft auf einen gewissen Grad der Kanalisation und Kultivierung individuellen Ärgers angewiesen. An erster Stelle geht es darum, dass der Einzelne zu einem geschickten Umgang mit seiner letztlich notwendigen Ärgeremotion findet. Denn wir leben immer in einem Spannungsfeld zwischen Selbstbehauptung und Angewiesensein auf unsere Umwelt beziehungsweise dem Bedürfnis, dazugehören zu wollen oder zu müssen. Deshalb ist erst das Wechselspiel zwischen Ärger und Toleranz die Grundlage für gute existenzielle Beziehungen und individuelle Vitalität. In diesem Spannungsfeld läuft produktiver Ärger ab.

Ärger, Aggression und Katharsis

Ärger muss nicht, kann aber durchaus mit Aggressionen einhergehen. Dann dient Ärger gewissermaßen als Antrieb. Aggression ist wie Ärger zunächst sinnvoll und nützlich. Doch auch hier bedarf es der Kultivierung, um der Bedeutung der Aggression für das Individuum gerecht zu werden und in der Gesellschaft langfristig damit klarzukommen.

Im Zusammenhang mit Aggressionsausdruck wird immer wieder (gelegentlich auch noch in der Forschung) eine reinigende oder die Seele entlastende Funktion, also Katharsis, behauptet. So soll jemand, der seine Aggressionen immer ausdrückt, auf Dauer weniger – da weniger aufgestaute – Aggressionen

Bei einem geschickten Umgang mit Ärger werden sowohl die eigenen Interessen als auch die der Umgebung berücksichtigt.

besitzen und zeigen. Es spricht jedoch vieles für die Notwendigkeit, sich um Kanalisation von unmittelbarer Aggression zu bemühen. Zumindest hinsichtlich des äußeren Verhaltens scheint die Katharsis-Annahme nämlich nicht zuzutreffen: Wer lernt, dass er sich durch einen direkten Aggressionsausdruck von seinen Ärgerspannungen befreien kann, wird, da Ärger zum Alltag gehört, mit der Zeit immer mehr Aggressionen zeigen. Daher erscheint es sinnvoll, lediglich in Situationen, in denen es tatsächlich notwendig ist, eine aggressive Form der Ärgerverarbeitung anzustreben.

Aggressive Ärgerverarbeitung ist nur eine von mehreren Möglichkeiten, mit Ärger dergestalt umzugehen, dass damit das Ziel der Veränderung von Missständen erreicht und die eigene Identität verteidigt wird. Es müssen immer auch nichtaggressive Formen des Ärgerausdrucks und von Problemlösungen gefunden werden. Wichtig ist dies auch, weil Aggression im Alltag schnell zu Gegenaggression und einer Eskalation von Konflikten führen kann. Daraus sollte nun nicht geschlossen werden, hinter den Aggressionen stehender Ärger müsse verdrängt werden, weil er nicht sein darf oder weil er bedeutungslos wäre. Auch wenn wir Ärger verdrängen oder innerlich bagatellisieren würden, bliebe der dahinter liegende Konflikt bestehen. Hier sind der bedeutungsschwangere Ärger und die Aggression als reine Verhaltensmöglichkeit ohne Motivcharakter deutlich voneinander zu unterscheiden. Ärger ist sozusagen der wahre, der überdauernde Wert.

Das Thema Ärger steht eng mit dem Thema Konfliktbewältigung (siehe Seite 137ff.) in Verbindung.

Modell des konkreten Prozesses intelligenten Ärgerns

Erstaunlicherweise ist die Toleranz unserer Gesellschaft gegenüber Ärger größer als vermutet. Nach einer Untersuchung von Ulrich Mees wird auf Ärger zwar zunächst meist mit Verletztheit, Überraschung, Entschuldigung oder Verteidigung reagiert. Aber: Obwohl Ärger offensichtlich eine ausgeprägt unangenehme Erfahrung darstellt, sind 48 Prozent der Menschen, die die Zielscheibe des Ärgers waren, der Meinung, die Beziehung zu dem Menschen, der den Ärger ausdrückte, habe sich sogar verstärkt. Nur 35 Prozent der Befragten äußerten die Ansicht, dass sich die Beziehung eher abgekühlt habe. Diese Fakten sollten im Grunde Mut zum Ärgern machen und alle Ärgergehemmten beruhigen. Doch wie ärgert man sich eigentlich richtig? Das folgende Modell beschreibt den Ablauf intelligenten Ärgerns.

Der Ausnahmefall und sechs hilfreiche Schritte

Ausschließlich in berechtigten Situationen sollte Ärger urwüchsig, also ganz direkt ausgedrückt werden. Diese Art des Umgangs mit Ärger stellt immer den Ausnahmefall dar, der mangels anderer Möglichkeiten unvermeidbar oder gar notwendig ist. Berechtigte Situationen sind unter anderem:

Die Toleranz unserer Gesellschaft gegenüber der Emotion Ärger ist größer, als man vermuten würde!

- ständige Provokation durch Mitmenschen
- Kontakt mit aggressionsenthemmten Menschen à la antisozialer (siehe Seite 92ff.) oder paranoid-querulatorischer Ärger- und Persönlichkeitstyp (siehe Seite 85ff.).
- direkte körperliche oder seelische Bedrohung durch Menschen oder Umstände
- massive Angriffe auf die eigene Würde und den eigenen Lebensraum
- ständige Bevormundung und permanentes Dominiertwerden durch gleichberechtigte Personen
- keine Änderungsbereitschaft von gleichberechtigten Personen bei wichtigen Angelegenheiten und eigenen Interessen, die mehrfach angesprochen wurden
- wenn andere, produktivere Arten des Ärgerns nicht verfügbar sind und ein ärger- und aggressionsgehemmter Mensch den Ärger ansonsten dauerhaft in sich hineinfressen würde
- als gelegentliche Befreiung und erfrischendes Aufzeigen der Grenzen, wodurch andere Menschen in Erstaunen versetzt und aus ihrem sonstigen Umgangstrott auf- und wachgerüttelt werden

1. Ärger wahrnehmen und akzeptieren

In 85 Prozent der Fälle sollte der Verärgerte die Emotion erst einmal „identisch kommen lassen“, das heißt, den Ärger innerlich wahrnehmen, registrieren und akzeptieren. Das Kon-

Als kleines Schmankerl und als gelegentliche Entladung kann urwüchsiger Ärger Wunder wirken. Er bringt Lebendigkeit, Individualität und Selbstbewusstsein zurück.

zept lautet: Ich stehe innerlich zu meinem Ärger und bin bemüht, dieses Gefühl in allen seinen Facetten zu erleben. Ich vermeide kein Ärgererleben und verdränge es nicht (wie es viele Ärgergehemmte tun). Ich habe keine Angst vor meinem Ärger, sondern kann ihn sogar als eine Art Lebendigkeit und vitale Emotion im Überlebenskampf auffassen und annehmen.

Aber: Ich zeige reflexiven Ärger. Ich weiß, dass dies jetzt nur der erste Schritt meines Umgangs mit Ärger, meiner Ärgerverarbeitung ist. Ich erlebe Ärger mit der Zielsetzung abzuwarten, bis sich die erste Erregung gelegt hat. Wenn es nicht zwingend notwendig ist, werde ich als Reaktion auf meinen Ärger nicht unmittelbar handeln. Ich setze Ärger zumindest noch nicht verbal oder durch Aktivitäten unvermittelt um. Vielmehr bereite ich mich im Erleben auf einen nächsten Schritt vor, auf das gefühlsmäßige Erspüren und intellektuelle Nachforschen der Bedeutung des Ärgers.

2. Bedeutungsanalyse der Ärgeremotion

Im nächsten Schritt wird der Versuch unternommen, Bedeutung, Veränderungsziele und Signalfunktion des Ärgers zu ermitteln. Dabei wird davon ausgegangen, dass Emotionen generell und Ärgeremotionen im Besonderen codierte, also verschlüsselte Sinn- oder Bedeutungsträger darstellen. Und dieser jeweilige Code muss mit gezielten Fragen an sich selbst geknackt werden. Solche Fragen können unter anderem sein (die Fragenliste ist hier nahezu endlos):

Wer alle Vorteile der Ärgeremotion nutzen will, sollte sich „richtig" ärgern!

- Ärgere ich mich über mich selbst oder über meine Umgebung?
- Muss ich mich ändern oder muss sich die Umgebung ändern?
- Welche meiner Erwartungen wurden enttäuscht? Sind meine enttäuschten Erwartungen berechtigt oder habe ich zu hohe Maßstäbe?
- Was genau müsste sich bei mir oder in meinem Umfeld ändern, damit ich mich nicht mehr ärgern würde?
- Was würden andere Menschen empfinden, wenn Sie eine derartige Konfliktsituation wie jene, die meinen Ärger hervorruft, erleben müssten?
- Welcher ungelöste Konflikt steht hinter dieser Ärgeremotion?
- Wie wichtig ist dieser Konflikt und seine Lösung?
- Steht die Stärke der emotionalen Betroffenheit in angemessenem Verhältnis zur Bedeutung der Situation, des Konflikts oder der enttäuschten Erwartung? Wenn nicht, warum bin ich dann persönlich so stark getroffen?
- Was müsste der andere tun, um die Enttäuschung wieder gutzumachen und die Wogen zu glätten?
- Ärgere ich mich darüber, dass ich dem allgemeinen Machbarkeitsideal oder anderen Idealen erlegen bin, die langfristig eher Frustration heraufbeschwören? Müsste ich mich von diesen falschen Idealen nicht besser verabschieden?
- Habe ich die Kontrolle über meine Lebensbedingungen durch Fremd- oder Eigenverschulden verloren? Wenn ja, was kann ich dagegen tun?

- Werden meine berechtigten Ziele durch andere Menschen oder situative Bedingungen blockiert?
- Wird mein Lebensraum nachhaltig eingeschränkt, so dass ich mich wehren oder abgrenzen müsste?
- Hat man mich in meinem Selbstwertgefühl oder meinem Selbstbewusstsein verletzt?
- Wie kann ich mich gegen solche Verletzungen schützen und wehren?
- In welcher Hinsicht gibt mir die Ärgeremotion das Signal, gegen oder für etwas Stellung zu beziehen?
- Wer oder was stellt sich mir in den Weg? Soll oder muss ich ein derartiges Hindernis wegräumen?
- Signalisiert mir die Ärgeremotion, mich mit einer oder mehreren bestimmten Personen auseinander zu setzen?
- Wo muss ich mich abgrenzen, eine Grenzbereinigung durchführen?
- Wo und wie muss ich jetzt meine eigene Existenz deutlich verteidigen?
- Wo und wie muss ich jetzt meine negativen Gedanken und Gefühle artikulieren?
- Gibt es bestimmte einzelne oder gar vielfältige gesellschaftliche Missstände, auf die sich mein Ärger richtet und denen ich mich möglichst nicht unterwerfen will?

Diese und weitere Fragen machen es jedem Menschen möglich, zu einer differenzierten Bedeutung der Ärgeremotion zu gelangen. Das klingt (und ist) zunächst einmal recht theoretisch. Daher ist es so wichtig, eine derartige Form der Ärgerver-

Durch die ehrliche Beantwortung dieser Fragen können Sie den Code Ihres Ärgers knacken.

arbeitung mit hilfreichen Methoden regelrecht zu trainieren. Im Anhang auf Seite 148/149 wird Ihnen mit einem Analysebogen (mit Beispieltext) ein spezifisches Hilfsmittel an die Hand gegeben, um das Ermitteln der Bedeutung von Ärger zu verbessern beziehungsweise zu erlernen.

3. Ermittlung zieldienlicher Ausdruckswege

Nach der Bedeutungsanalyse des Ärgers stellen sich folgende Überlegungen:

- Welches Verhalten, welche Problemlösestrategie ist gegeben, wäre sinnvoll, ist situativ notwendig, um den hinter dem Ärger stehenden Konflikt zu lösen? Am effektivsten ist es, bedeutungs- und sachbezogene Lösungen für die ärgerliche Begebenheit zu ermitteln, die auch die eigenen Fähigkeiten, das persönliche Bewältigungsrepertoire mit einbeziehen.
- Sollte ich entsprechend der Bedeutung und Situation die Ärgeremotion unvermittelt und urwüchsig äußern oder warte ich besser eine passende Gelegenheit ab, in der ich diplomatisch bin und für die ich mir schon vorher ein genaues Vorgehen zurechtgelegt habe?

info

Wenn Ihnen Ihre Erregungsspitzen bei der Bedeutungsanalyse unüberwindbar im Weg stehen, sind Entspannungsverfahren (Seite 126ff.) sowie die imaginativen Verfahren (Seite 104ff.) hilfreich, bei denen man sich mit Ärgersituationen in der Vorstellung konfrontiert. So wird man nicht von der Situation überrollt und kann bei „gebremstem Schaum" der Bedeutung seines Ärgers nachgehen.

- Welche Möglichkeiten des Ärgerausdrucks gäbe es rein theoretisch, und welche Risiken oder Chancen würden sie bergen? Welche meiner und welche der Fähigkeiten anderer müssten eingesetzt werden, um meinem Ärger zieldienlichen Ausdruck zu geben und den dahinter stehenden Konflikt zu lösen? Welche Menschen vermögen meinen Ärger zu verstehen und können mir dabei behilflich sein, ihn angemessen vorzubringen beziehungsweise Lösungsmöglichkeiten für den Konflikt zu finden? Auf welche nützlichen Vermittler könnte ich zurückgreifen?
- Welche Strategien muss ich anwenden, damit keine Ärgerspirale entsteht und die Sache nicht eskaliert?
- Wie kann ich bei meinem Ärgerausdruck vermeiden, dass das Selbstwertgefühl des Interaktionspartners verletzt wird?
- Hält die bestehende Beziehung einen direkten Ärgerausdruck aus oder muss ich besser andere, sozial akzeptablere Formen wählen?
- Will ich mit meinem Ärgerausdruck die Beziehung zu bestimmten Menschen erhalten oder eher beenden?
- Möchte ich mit meinem Ärgerausdruck eine grundsätzliche Gesellschaftskritik üben und muss ich dies deshalb weniger persönlich vermitteln?
- Welche Redewendungen und Formulierungen sind meinem produktiven Ärgerausdruck zuträglich?
- Welche Strategien der Konfliktbewältigung kann ich bei der Kanalisierung meines Ärgers nutzen, damit es zu einem möglichst intelligenten Ausdruck meines berechtigten Ärgers kommen kann?

- Mit welchen „Kosten" (Verletzung des Selbstwertgefühls, Machtlosigkeit, Hilflosigkeit, Selbstverachtung, Depression, Bluthochdruck etc.) wäre eine Ärgerunterdrückung verbunden, wenn ich keine mir dafür geeignet erscheinenden Ausdrucksmittel finden würde? Sind die Kosten zu hoch, so dass ein unvermittelter Ausdruck meines Ärgers immer noch besser wäre als dessen Unterdrückung?

Auch diese Liste könnte beliebig fortgesetzt werden. Lesen Sie bezüglich intelligenten Ärgerausdrucks auch im Kapitel „Konstruktive Formen der Konfliktbewältigung" auf Seite 139f. nach.

4. Entscheidung und Umsetzung
Nach Durchlaufen der Schritte 2 und 3 sollte eine Entscheidung leicht fallen. Doch gerade zu Anfang des Trainings gibt es emotional bedingte Blockaden, die eine Umsetzung erschweren. Hier sind Techniken wie Kognitive Umstrukturierung (siehe Seite 117ff.), Konfrontation (siehe Seite 115ff. und 122ff.) und Selbstinstruktion (siehe Seite 103f.) hilfreich.

Das Umsetzen der Entscheidung dürfte aber noch aus ganz anderen Gründen schwierig sein. Hindernisse sind oftmals durch Angst vor Misserfolg und Ablehnung bedingt oder durch situative Konditionierung, das heißt, man gewöhnt sich an eine Situation. Zudem werden Fähigkeiten verlangt. Und hier liegt beim „Ungeübten" meist der Hase im Pfeffer. Er muss zwar nicht bei Adam und Eva anfangen, aber doch beinahe „Laufen

Effektive Bewältigungsstrategien für viele Lebensbereiche helfen, weniger Ärger zu erleben, und ermöglichen eine intelligente Ärgerverarbeitung.

lernen". Hier wird er jedoch von diesem Buch hilfreich bei der Hand genommen!

5. Rückmeldungen und deren Einordnung

Aus der Entscheidung und dem resultierenden Verhalten ergeben sich Rückmeldungen über Erfolg, Misserfolg, Wirkungslosigkeit. Werden diese Ergebnisse angenommen und genau analysiert, erhält man Auskunft darüber, inwieweit die Situation richtig eingeschätzt und der Ärger angemessen geäußert wurde. Das Motto lautet: „Was habe ich richtig, was habe ich falsch gemacht und was habe ich dazugelernt?" Hieraus kann sich ein steter Prozess der Verbesserung des eigenen intelligenten Ärgerausdrucks ergeben.

Unabhängig vom Ergebnis stellt sich die gewichtige Frage: Wie fühlt man sich? Hat eine Entlastung stattgefunden oder hat die Belastung eher zugenommen? Und woran liegt das? Damit soll überprüft werden, inwieweit der gewählte Ärgerausdruck für die eigene Psyche von Vorteil war, egal ob damit ein Veränderungserfolg erzielt wurde oder nicht. Dieser Dimension kommt eine besondere Bedeutung zu. Denn selbst der intelligenteste Ärgerausdruck stößt nicht immer auf Gegenliebe. Im sozialen Gefüge gibt es schließlich auch die Interessen der anderen, Privilegien, Ungerechtigkeiten, emotionale Störungen, die einem entgegentreten können. Insofern ist es nicht nur, und je nach Situation sogar überhaupt nicht entscheidend, ob dem Ärgerausdruck ein äußerer Erfolg beschieden war. Sollte durch das Sichwehren be-

Auf Seite 60 finden Sie das ganze Modell produktiven Ärgerns auf einen Blick in Tabellenform. Wo würden Sie sich derzeit einordnen?

ziehungsweise durch den emotionalen Ausdruck des Ärgers ausschließlich eine seelische Entlastung eingetreten sein, so stellt dies durchaus ein respektables Ergebnis dar.

Und wie geht man mit Schuldgefühlen um, die sich bei manchem einstellen, der seinem Ärger Luft gemacht hat? Hier ist zu prüfen, ob dies ein erziehungsbedingtes generelles Schuldgefühl gegenüber Ärger und Ärgeräußerung ist. Oder ob es sich um ein inhaltlich berechtigtes Schuldgefühl handelt, weil man mit seinem Ärgerausdruck weit über das Ziel hinausgeschossen ist. Nur in letzterem Fall sollte dem Schuldgefühl eine regulierende Bedeutung beigemessen werden. Und nur dann ist es sinnvoll, sich gegebenenfalls zu entschuldigen oder andere Verhaltensweisen des Ausgleichs anzustreben.

6. Das Ende des Ärgerprozesses

Am Ende des Prozesses soll die Bereitschaft und Haltung bewusst verstärkt werden, notwendige Ärgersituationen in Zukunft keinesfalls zu vermeiden. Der gesamte beschriebene Vorgang kann letztlich immer nur das Fortschreiten im Prozess eines immer intelligenteren Ärgerausdrucks bekräftigen.

info

Die sechsstufige Abfolge des Ärgerprozesses erscheint auf den ersten Blick schematisch, theoretisch und wenig praktikabel. Das liegt daran, dass zu Lernzwecken Phasen detailliert bewusst gemacht werden müssen. Bei einem geübten „intelligenten Ärgertyp“ laufen diese Schritte jedoch automatisch und fast gleichzeitig ab. Das Hilfsinstrument wird dann irgendwann zur zweiten Natur.

Prozess des produktiven Ärgerns

Prozessphase	Inhalt und Ziel	Ausgangsposition des Lesers; derzeitiges Verhalten
Ausnahme: Urwüchsiger Ärgerausdruck	Wehren gegen massive Angriffe und existenzielle Bedrohungen; Ausnahmefall mangels anderer Möglichkeiten	
1. Registrieren, annehmen, akzeptieren	Bejahendes Wahrnehmen der Ärgeremotion	
2. Bedeutungsanalyse	Signalfunktion des Ärgers für was? Welche Veränderungsziele? Welche Bedürfnisse? Welche Missstände? Muss ich mich ändern oder die Umgebung? Wie kann ich erreichen, dass ich mich nicht mehr ärgern muss? Welcher ungelöste Konflikt steht hinter dieser Ärgeremotion?	
3. Suche nach Wegen eines intelligenten Ärgerausdrucks	Wege ermitteln, um die Bedeutung des Ärgers umzusetzen, den Konflikt zu lösen im Rahmen eigener Ressourcen; Minimallösungen zurechtlegen; Wer kann helfen? Gibt es vertraute Menschen, denen gegenüber der Ärger offen geäußert werden kann?	
4. Entscheidung und verhaltensmäßige Umsetzung	Abwägen der Möglichkeiten und deren Konsequenzen; Ermittlung der besten Lösung; Motivation zum Handeln; Durchführung von Handlungsketten aufbauend auf bereits vorhandenen Fähigkeiten	
5. Rückmeldung und Rückmeldungsanalyse	Erfolg? Misserfolg? Wirkungslosigkeit? Was war richtig, was war falsch? Was muss ich anders oder besser machen? Welches Gefühl habe ich? Gab es Belastung oder Entlastung? Woran liegt das?	
6. Ende des Prozesses: Bekräftigung Entwicklung einer Intention für das nächste Mal	Bereitstellung von Motivation, Zielen und Techniken für das konkrete künftige Üben intelligenten Ärgerausdrucks; Bekräftigung dafür, den durchlaufenen Prozess stets erneut zu wiederholen und Ärgersituationen nicht zu vermeiden und zu verdrängen	

kapitel **drei**

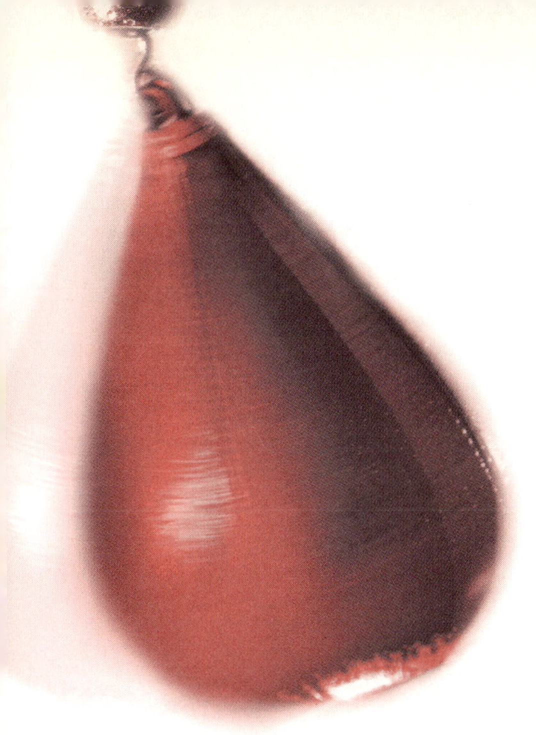

ärgertypen

Bestimmung des eigenen Ärgertyps: die Basis neuer Verhaltensmuster

Sich Gedanken über die unterschiedlichen Ärgertypen zu machen und sich einem oder gar mehreren dieser Typen zuzuordnen bedeutet nicht nur einen Erkenntnisgewinn. Darüber hinaus ergeben sich Möglichkeiten, Lernprozesse anzustoßen und bisherige unproduktive Verhaltensmuster zu verändern. Daher habe ich nicht nur die verschiedenen Ärgertypen beschrieben, sondern auch einen Fragetest zu jedem Ärgertyp erstellt. Das ermöglicht es Ihnen, sich einer bestimmten Art des Umgangs mit Ärger zuzuordnen.

Ich unterscheide zwei Kategorien von Ärgertypen: die *allgemeinen* und die *speziellen*. Beim allgemeinen Ärgertyp geht es um das generelle Verhalten im Umgang mit Ärger. Hier sind drei Verhaltensweisen typisch: den Ärger in sich hineinfressen; den Ärger relativ unkontrolliert herauslassen; den Ärger kontrolliert und intelligent ausdrücken.

Die speziellen Ärgertypen beziehen sich auf gewisse Grundkonflikte von Menschen, die die Betroffenen nicht zu lösen vermögen, weil sie nicht produktiv mit Ärger umgehen können. Hieraus entstehen bestimmte Arten von chronischen Konflikt- und Ärgersituationen. Die speziellen Ärgertypen beschreiben eher inhaltliche Phänomene bis hin zu Schicksalsschlägen und psychischen Störungen. Bei ihrer Aufzählung handelt es

sich lediglich um eine Auswahl besonders wichtiger und interessanter Typen.

Anhand dieser Typologie gewinnen Sie Einsicht in Ihre ganz persönliche Art des Ärgerns. Ich zeige Ihnen jedoch auch die gesamte Bandbreite auf, innerhalb der sich Ärger und Ärgerausdruck bewegen können. Dadurch bekommen Sie ein Gespür dafür, welche die produktiven und welche die unproduktiven Arten von Ärgerbewältigung oder Ärgerverarbeitung sind. Und nur durch diesen Background werden Sie konkret erfahren, was ich mit „intelligentem", mit „gesundem" Ärgern meine.

Ärgertyp I: den **Ärger** in sich **hineinfressen**

Menschen, die zu diesem Typ zählen, haben ein negatives Verhältnis zu Ärger und Ärgerausdruck. Sie lehnen Ärgeremotionen mehr oder weniger als sinnloses Übel ab. Ärger soll bekämpft und unterdrückt werden. Man will den Ärger, der in einem aufsteigt, nicht wahrhaben und verdrängen. Dies führt bei vielen Menschen sogar dazu, dass sie ihren Ärger, ihre Wut bereits nicht mehr wahrnehmen. Diese Gefühle sind dann regelrecht verschüttet.

Wenn Sie verstanden haben, was mit „gesundem" Ärgern gemeint ist, besteht keine Gefahr, dass Sie sich durch mein Buch in krankhafte Formen des Ärgers versteigen!

Ist es noch nicht so weit, dass die Betroffenen ihr diesbezügliches Seelenleben völlig von sich abspalten und unter Verdrängungskontrolle halten, so wird der Ärger zwar noch registriert. Doch es entstehen Ängste und Schuldgefühle hinsichtlich dieser „abzulehnenden“ Emotion. Ärgerausdruck kommt so gut wie nie oder nur in seltensten Ausnahmefällen in Frage.

Diese Menschen haben die Erfahrung gemacht: Ärgerausdruck wird stets bestraft und muss deshalb tunlichst vermieden werden. Sie zeigen sich ausschließlich bei positiven Gefühlen emotional, negative Gefühle werden gemieden und abgespalten. Identitätsprobleme, Selbstunsicherheit, fehlende Vitalität und Traurigkeit herrschen bei diesem Typ vor.

Menschen, die ihren Ärger in sich hineinfressen, neigen dazu, emotionale „Dampfkessel“ zu sein. Hat sich bei ihnen ein Übermaß an Ärger, Wut und Aggression aufgestaut, kann es passieren, dass sie regelrecht explodieren. Dann zeigen sie ganz gegen ihre sonstige Gewohnheit Ärger und Aggression in unverhältnismäßig heftiger Form. Sie erstaunen und beängstigen damit ihre Umgebung, lösen Unverständnis aus. Denn kaum einer weiß die Bedeutung, den Zusammenhang für diesen Gefühlsausbruch zu ermitteln. Er steht fast schon krankhaft und isoliert im Raum und wird keine produktive Veränderungsfunktion erfüllen können.

Beim Ärgertyp I ist die Emotion Ärger regelrecht verschüttet. Er nimmt seinen Ärger gar nicht mehr wahr.

Fragetest zu Ärgertyp I

Wollen Sie wissen, ob Sie zu Ärgertyp I gehören und wie intensiv diese Art des Umgangs mit Ärger bei Ihnen ausgeprägt ist? Dann beantworten Sie bitte die nachfolgenden Fragen. Tun Sie dies ganz spontan, das heißt ohne langes Überlegen. Ordnen Sie dabei den Grad der Ausprägung Ihrer Antwort in eine so genannte Rating-Skala ein. Diese geht von 0 bis 10. Wenn Sie die Ziffer 0 ankreuzen, liegt überhaupt keine Tendenz in die Fragerichtung vor. Die Ziffer 5 bezeichnet eine mittlere Verhaltenstendenz, und die Ziffer 10 kennzeichnet ein extremes Vorliegen dieses Verhaltens im Umgang mit Ärger.

Zur Auswertung des Tests lesen Sie bitte die Anweisungen am Ende des Fragenkatalogs.

1 Ich lehne Ärgeremotionen und Ärgerausdruck als sinnloses Übel ab.
0 – 1 – 2 – 3 – 4 – 5 – 6 – 7 – 8 – 9 – 10

2 Ärger muss immer so gut wie möglich unterdrückt werden.
0 – 1 – 2 – 3 – 4 – 5 – 6 – 7 – 8 – 9 – 10

3 Ich ärgere mich so gut wie nie.
0 – 1 – 2 – 3 – 4 – 5 – 6 – 7 – 8 – 9 – 10

4 Ich neige dazu, meinen Ärger in mich hineinzufressen.
0 – 1 – 2 – 3 – 4 – 5 – 6 – 7 – 8 – 9 – 10

5 Wenn ich mich ärgere, dann zeigt sich dies mehr in körperlichen Beschwerden als im Ausdruck von Emotionen.
0 – 1 – 2 – 3 – 4 – 5 – 6 – 7 – 8 – 9 – 10

6 Wenn ich Ärger ausdrücke, entstehen sofort Schuldgefühle.
0 – 1 – 2 – 3 – 4 – 5 – 6 – 7 – 8 – 9 – 10
7 Wenn ich mich ärgere, kommt sofort starke Angst vor Ablehnung durch andere Menschen auf.
0 – 1 – 2 – 3 – 4 – 5 – 6 – 7 – 8 – 9 – 10
8 Ich bin überzeugt, dass es sich nicht gehört, Ärger freimütig auszudrücken.
0 – 1 – 2 – 3 – 4 – 5 – 6 – 7 – 8 – 9 – 10
9 Negative Gefühle sind generell destruktiv und daher möglichst zu unterdrücken.
0 – 1 – 2 – 3 – 4 – 5 – 6 – 7 – 8 – 9 – 10
10 Ich passe nicht in diese Welt, kann mir hier keinen Raum schaffen.
0 – 1 – 2 – 3 – 4 – 5 – 6 – 7 – 8 – 9 – 10
11 Ich explodiere häufig wie aus heiterem Himmel, und dies steht in keinem Verhältnis zum Anlass.
0 – 1 – 2 – 3 – 4 – 5 – 6 – 7 – 8 – 9 – 10

Testauswertung

Bei den einzelnen Fragen handelt es sich ausschließlich um ausgeprägte Merkmale des jeweiligen Ärgertyps. Insofern ist eine Beantwortung mehrerer dieser Fragen (ab fünf Fragen aufwärts) im mittleren Bereich der Rating-Skala schon etwas, worüber man nachdenken könnte. Ähnlich ist dies zu sehen, wenn bereits eine oder zwei der Fragen mit einem Wert von

Menschen, die viele Konflikte mit sich herumschleppen und innerlich kochen, können oftmals auch keine genussvolle sexuelle Beziehung ausleben.

mindestens 6 auf der Rating-Skala oder gar im Extrembereich (8 bis 10) beantwortet werden. Auch hier zeigen sich deutliche Tendenzen in Richtung des jeweiligen Ärgertyps. Eine auffällige Tendenz liegt dann vor, wenn mindestens fünf der Fragen mit mindestens dem Wert 6 beantwortet wurden. Die Sicherheit, dass der jeweilige Ärgertyp vorliegt, steigt mit jeder weiteren Frage, die diese Beantwortungskriterien erfüllt, obwohl bereits fünf „positive" Fragen durchaus eine klare Tendenz erkennen lassen. Der Grad des Vorliegens eines bestimmten Umgangs mit Ärger steigt mit der Höhe, in der die jeweilige Rating-Skala der einzelnen Frage angekreuzt wurde. Extremere Werte schlagen hier stärker zu Buche.

Die Ergebnisse können nach folgender Vorgangsweise ermittelt werden (im Anhang auf Seite 146 finden Sie eine Vorlage, in die Sie Ihre Ergebnisse eintragen können):

- Bilden Sie die Summe der Fragen, die mindestens mit einem Wert von 6 auf der Rating-Skala angekreuzt wurden.
- Wurden wenigstens fünf Fragen mit dem Wert von 6 angekreuzt, dann ermitteln Sie bitte die Intensität des vorhandenen Ärgertyps. Zählen Sie dazu *nur bei den mit mindestens dem Wert 6 beantworteten Fragen* die jeweilig angekreuzten Werte zusammen (die Skala reicht hier also von 6 bis 10).
- Teilen Sie anschließend die ermittelte Summe durch die Anzahl der bei der Auszählung berücksichtigten Fragen. Dadurch erhalten Sie jetzt den Durchschnittswert, wie stark ausgeprägt bei Ihnen der getestete Ärgertyp vorliegt.

Auswertungsübersicht
5 Fragen „positiv“: Der Ärgertyp liegt vor

Rating-Skala – Durchschnittswerte:
6 bis 7: deutliche Auffälligkeit und Tendenz, ausgeprägtes Vorliegen des getesteten Ärgertyps
8 bis 9: extreme Auffälligkeit und Tendenz, extremes Vorliegen des Ärgertyps
10: Extremwert

Summe der mit einem Wert von mindestens 6 angekreuzten Fragen:
Summe der Skalenzahlen:
Durchschnittswert:

Ärgertyp II: den Ärger unkontrolliert herauslassen

Je nach Ausprägung dieses Typs handelt es sich hier um Menschen, die ihrem unmittelbaren Ärger mehr oder weniger freien Lauf lassen. Das gilt sowohl für das innere Gefühl als auch für den Ärgerausdruck. Ihr Motto lautet: Jede Form von Ärger ist mir heilig, muss massiv ausgelebt und grundsätzlich zum Ausdruck gebracht werden. Nur keinen Streit vermeiden!

Häufig verlieren diese Menschen dabei den Überblick über die Bedeutung des Ärgers und seine Veränderungsziele. Das Kind wird nicht selten mit dem Bade ausgeschüttet, weil die Betroffenen einfach zu direkt, zu offen, zu ehrlich sind. Es kommt zu unzähligen Auseinandersetzungen, die in die soziale Isolation führen können. Auch materielle und sonstige, beispielsweise karrierebezogene oder familiäre Nachteile können aus diesem Verhalten entstehen.

Erstaunlicherweise geht es diesem Typ allerdings psychisch und körperlich meist bedeutend besser als denjenigen Personen, die ihren Ärger in sich hineinfressen. Obwohl der Ärgertyp II mit anderen Menschen oft sehr viel Ärger hat, leidet er weniger als Ärgertyp I unter Depressionen, Identitätsproblemen sowie körperlichen Störungen wie etwa Bluthochdruck.

Dennoch ist auch dieser Ärgertyp problematisch und zeigt perspektivisch keinen günstigen Umgang mit Ärger. Zwar nimmt er seinen Ärger ernst und drückt ihn aus, aber er erliegt dem reinen Gefühl und kann es nicht produktiv kanalisieren. Er belässt das Gefühl Ärger sozusagen als Rohdiamant, ohne Schliff. Die Bedeutung der Ärgeremotion wird zu wenig selbst- und fremdkritisch erarbeitet. Es werden keine intelligenten

info

Eine alte Volksweisheit besagt, dass gerade die „bösen“, die schwierigen Menschen besonders zäh sind und recht alt werden. Ich habe unter meinen Patienten viele Angehörige von Menschen des Ärgertyps II, die mir Entsprechendes berichten und insofern diese Beobachtung bestätigen. Als wissenschaftlicher Beweis kann das jedoch nicht dienen.

Werkzeuge verwendet, so dass die rohe Kraft die Oberhand gewinnt. Dies kann durchaus einmal angebracht sein, sollte aber doch eher selten vorkommen.

Menschen, die ihre Ärgeremotion ernst nehmen, müssen lernen, diese geschickt in ihr soziales und gesellschaftliches Umfeld einzubringen. Durch den Ärgerausdruck sollte nichts unnötig zu Bruch gehen. Die eigenen Interessen und Ziele werden so besser verfolgt und gewahrt. Es stellt sich außerdem die Frage, ob der Ärger gegenüber dem Außen immer gerechtfertigt ist oder ob an der übersensiblen eigenen Persönlichkeit gearbeitet werden muss. Das Permanente, die Intensität, die Bedeutung der Ärgeremotion müssen bei diesem Typ immer wieder hinterfragt werden.

Fragetest zu Ärgertyp II

Zur Anwendung und Auswertung des Fragebogens informieren Sie sich bitte bei Ärgertyp I auf Seite 66ff.

1 Ich lasse meinen Ärger immer ganz unvermittelt raus.
0 – 1 – 2 – 3 – 4 – 5 – 6 – 7 – 8 – 9 – 10

2 Es ist mir vollkommen egal, wie meine Umgebung auf meinen Ärger reagiert.
0 – 1 – 2 – 3 – 4 – 5 – 6 – 7 – 8 – 9 – 10

3 Ich lebe nach dem Motto: Nur keinen Streit vermeiden.
0 – 1 – 2 – 3 – 4 – 5 – 6 – 7 – 8 – 9 – 10

Der Ärgertyp II ist häufig „ganz Gefühl" und verliert dabei den Überblick über die Bedeutung seines Ärgers.

4 Schuldgefühle im Zusammenhang mit Ärgern und Ärgerausdruck kenne ich nicht.
0 – 1 – 2 – 3 – 4 – 5 – 6 – 7 – 8 – 9 – 10

5 Wenn mich etwas stört, dann muss ich dies immer sofort und detailliert ansprechen.
0 – 1 – 2 – 3 – 4 – 5 – 6 – 7 – 8 – 9 – 10

6 Man macht mir häufig den Vorwurf, dass ich zu offen, direkt oder ehrlich sei.
0 – 1 – 2 – 3 – 4 – 5 – 6 – 7 – 8 – 9 – 10

7 Ich habe relativ viele Auseinandersetzungen mit meinen Mitmenschen.
0 – 1 – 2 – 3 – 4 – 5 – 6 – 7 – 8 – 9 – 10

8 Ich glaube, dass ich bei vielen Menschen nicht gerade beliebt, sondern eher gefürchtet bin.
0 – 1 – 2 – 3 – 4 – 5 – 6 – 7 – 8 – 9 – 10

9 Ich ärgere mich hauptsächlich über andere und zeige wenig Selbstkritik.
0 – 1 – 2 – 3 – 4 – 5 – 6 – 7 – 8 – 9 – 10

10 Diplomatie im sozialen Umgang ist mir fremd.
0 – 1 – 2 – 3 – 4 – 5 – 6 – 7 – 8 – 9 – 10

11 Trotz meines dauernden Ärgerns ist mir hinterher manchmal gar nicht die Bedeutung des Ärgers klar.
0 – 1 – 2 – 3 – 4 – 5 – 6 – 7 – 8 – 9 – 10

Summe der mit einem Wert von mindestens 6 angekreuzten Fragen:
Summe der Skalenzahlen:
Durchschnittswert:

Ärgertyp III: den Ärger kontrolliert und intelligent ausdrücken

Der Ärgertyp III entspricht ganz dem Ideal dieses Buches. Wie andere Ideale ist auch dieses natürlich nur annähernd zu erreichen, und es kann leicht passieren, dass man vorübergehend wieder in andere Verhaltensmuster verfällt. Durch Lernprozesse und Aufmerksamkeit kann dieser Ärgertyp dennoch langfristig weitgehend verwirklicht beziehungsweise immer wieder weiterentwickelt werden.

Fragetest zu Ärgertyp III

Zur Anwendung und Auswertung des Fragebogens informieren Sie sich bitte bei Ärgertyp I auf Seite 66ff.

1 Ich nehme meinen Ärger wahr, akzeptiere ihn, lasse ihn jedoch meist nicht sofort heraus.
0 – 1 – 2 – 3 – 4 – 5 – 6 – 7 – 8 – 9 – 10

2 Bevor ich meinen Ärger ausdrücke, mache ich mir seine differenzierte Bedeutung bewusst, und danach richtet sich dann die Art meines Ärgerausdrucks.
0 – 1 – 2 – 3 – 4 – 5 – 6 – 7 – 8 – 9 – 10

3 Ich weiß, dass Streiten nötig und sinnvoll ist, aber ich suche eine produktive Form des Streits.
0 – 1 – 2 – 3 – 4 – 5 – 6 – 7 – 8 – 9 – 10

Der Ärgertyp III verdrängt seinen Ärger nicht, sondern nimmt ihn als vitale Emotion an. Er drückt Ärger nicht unvermittelt aus, sondern forscht erst dessen Bedeutung nach.

4 Unter Schuldgefühlen im Zusammenhang mit Ärgern und Ärgerausdruck leide ich selten und wenn, dann sind diese Schuldgefühle meist auch berechtigt.
0 – 1 – 2 – 3 – 4 – 5 – 6 – 7 – 8 – 9 – 10

5 Ich fresse Ärger grundsätzlich nicht in mich hinein.
0 – 1 – 2 – 3 – 4 – 5 – 6 – 7 – 8 – 9 – 10

6 Wenn mich etwas stört, dann spreche ich dies zum richtigen Zeitpunkt auch an.
0 – 1 – 2 – 3 – 4 – 5 – 6 – 7 – 8 – 9 – 10

7 Ich werde häufig dafür gelobt, dass ich Kritik in angenehmer Form äußern kann und dass ich fast jedem alles sagen kann.
0 – 1 – 2 – 3 – 4 – 5 – 6 – 7 – 8 – 9 – 10

8 Wenn ich mich ärgere, dann weiß ich, dass ich an dem Ärgernis mit Bedacht einiges verändern kann.
0 – 1 – 2 – 3 – 4 – 5 – 6 – 7 – 8 – 9 – 10

9 Auseinandersetzungen mit meiner Umgebung eskalieren selten.
0 – 1 – 2 – 3 – 4 – 5 – 6 – 7 – 8 – 9 – 10

10 Ich erlebe Ärger, Wut, Aggression und Streit letztlich immer als produktiv.
0 – 1 – 2 – 3 – 4 – 5 – 6 – 7 – 8 – 9 – 10

11 Wenn ich mich ärgere, frage ich mich immer: Musst du dich ändern oder die Umgebung?
0 – 1 – 2 – 3 – 4 – 5 – 6 – 7 – 8 – 9 – 10

12 Ich kann auch negative Gefühle gut ausdrücken, versuche jedoch dabei meist diplomatisch zu sein.
0 – 1 – 2 – 3 – 4 – 5 – 6 – 7 – 8 – 9 – 10

Summe der mit einem Wert von mindestens 6 angekreuzten Fragen:
Summe der Skalenzahlen:
Durchschnittswert:

Spezieller **Ärgertyp: depressiver Umgang** mit **Problemen**

Menschen, die einen depressiven Umgang mit Problemen zeigen, sind häufig sehr still und zurückgezogen. Sie fordern für sich selbst kaum Raum, fühlen sich gegenüber ihrer Umgebung eher klein und unbedeutend und bezweifeln fast schon ihre Daseinsberechtigung. Anforderungen fühlt sich dieser Typ „gerade so" oder kaum gewachsen. Bei Konflikten suchen die Betroffenen schnell die Ursachen bei sich selbst und entwickeln Schuldgefühle. Bewährungs- und Risikosituationen werden wenn möglich vermieden.

Ärger kann kaum aufkommen, da die Außenwelt als perfekter, überlegener, idealer und vor allem wertvoller als man selbst angesehen wird. Daher ist kein berechtigter Vorwurf erlaubt. Entstehen dennoch einmal Ärger, Aggression und Wut, werden diese Gefühle unterdrückt, und zwar auch deswegen, weil das Ärger- und Aggressionsgefühl Angst auslöst. Man fühlt sich diesem Gefühl innerlich und äußerlich nicht gewachsen. Ärger-

Bei einem depressiven Umgang mit Problemen erzeugt Ärger Angst und Schuldgefühle.

ausdruck würde bedeuten, Position beziehen zu müssen und damit möglicherweise in die Kritik zu geraten. Man könnte Opfer der Gegenaggression werden.

Innerlich löst das Ärgergefühl eher Selbstkritik aus nach dem Motto: „Wie andere Menschen mit mir umspringen, zeigt doch nur, dass ich eigentlich nichts wert bin!“ Oder: „Das habe ich doch immer gewusst! Ich muss mich noch kleiner machen, damit ich künftig nicht auffalle und mich nicht wieder ärgern muss.“ Defensives Verhalten und Wertlosigkeitsempfinden sind bei diesem Persönlichkeitstyp vorherrschend. Ärgerempfindung und Ärgerausdruck kommen dagegen überhaupt nicht vor.

Fragetest zum depressiven Ärgertyp

Zur Anwendung und Auswertung des Fragebogens informieren Sie sich bitte bei Ärgertyp I auf Seite 66ff.

1 Ich leide häufig unter depressiven Verstimmungen. Dies wird von mir selbst oder zumindest von anderen beobachtet.
0 – 1 – 2 – 3 – 4 – 5 – 6 – 7 – 8 – 9 – 10

2 Ich zeige oft ein deutlich gemindertes Interesse an allen oder fast allen Aktivitäten oder zumindest an Aktivitäten,

info

Zum Fragenkatalog bei diesem und allen anderen speziellen Ärgertypen siehe teilweise auch *Diagnostisches und Statistisches Manual Psychischer Störungen*, DSM-III-R, Weinheim 1989, und *Diagnostic and Statistical Manual of Mental Disorders*, DSM-IV, Washington 1994.

die mir Freude bereiten könnten. Dies äußert sich häufig in einer ausgeprägten Lustlosigkeit.
0 – 1 – 2 – 3 – 4 – 5 – 6 – 7 – 8 – 9 – 10

3 Mein Gewicht schwankt nach Frustrationen und Ärger stark. Ohne Diät oder Veränderung des Essverhaltens nehme ich häufig *auffällig* ab oder zu (z.B. mehr als 5 Prozent des Körpergewichts in einem Monat).
0 – 1 – 2 – 3 – 4 – 5 – 6 – 7 – 8 – 9 – 10

4 Ich leide häufig unter Schlaflosigkeit oder brauche vermehrten Schlaf.
0 – 1 – 2 – 3 – 4 – 5 – 6 – 7 – 8 – 9 – 10

5 Ich bin nach Angaben anderer Menschen häufig körperlich sehr nervös, bewege mich dauernd, wippe, tippe mit den Fingern und habe eine ausgeprägte innere Unruhe, oder ich zeige körperlich eine Verlangsamung und Bewegungshemmung.
0 – 1 – 2 – 3 – 4 – 5 – 6 – 7 – 8 – 9 – 10

6 Ich verspüre häufig Müdigkeit oder Energiemangel.
0 – 1 – 2 – 3 – 4 – 5 – 6 – 7 – 8 – 9 – 10

7 Ich habe oft das Gefühl, wertlos zu sein, oder zeige exzessive, unangemessene Schuldgefühle.
0 – 1 – 2 – 3 – 4 – 5 – 6 – 7 – 8 – 9 – 10

8 Häufig ist meine Fähigkeit zu denken oder mich zu konzentrieren oder meine Entscheidungsfähigkeit deutlich gemindert.
0 – 1 – 2 – 3 – 4 – 5 – 6 – 7 – 8 – 9 – 10

9 Ich habe wiederkehrende Gedanken an den Tod (nicht nur ab und zu Angst vor dem Tod), ich habe wiederkehrende

Selbstmordideen ohne einen Verwirklichungsplan oder auch mit Plan oder es gab bereits einen Selbstmordversuch.
0 – 1 – 2 – 3 – 4 – 5 – 6 – 7 – 8 – 9 – 10

10 Ich neige häufiger zum Weinen.
0 – 1 – 2 – 3 – 4 – 5 – 6 – 7 – 8 – 9 – 10

11 Ich habe eine allgemeine Lebensängstlichkeit.
0 – 1 – 2 – 3 – 4 – 5 – 6 – 7 – 8 – 9 – 10

12 Ich bin leicht reizbar, zeige dies jedoch möglichst nicht.
0 – 1 – 2 – 3 – 4 – 5 – 6 – 7 – 8 – 9 – 10

13 Ich neige zu zwanghaftem Grübeln.
0 – 1 – 2 – 3 – 4 – 5 – 6 – 7 – 8 – 9 – 10

14 Ich habe überhaupt keine Energie, um meine Interessen durchzusetzen.
0 – 1 – 2 – 3 – 4 – 5 – 6 – 7 – 8 – 9 – 10

Summe der mit einem Wert von mindestens 6 angekreuzten Fragen:
Summe der Skalenzahlen:
Durchschnittswert:

Spezieller **Ärgertyp: zwanghafter Umgang** mit **Problemen**

Bei Menschen mit einem zwanghaften Umgang mit Problemen und Anforderungen zeigen sich vor allem ein ausgeprägter Hang

zum Perfektionismus sowie Starrheit. Das ständige Streben nach Perfektion und die außerordentlich hoch gesetzten Normen erschweren die Realisierung von Aufgaben, Vorhaben und Zielen. Die hohen Maßstäbe und Ideale werden über die eigene Person gestellt. Die Betroffenen lassen sich selbst, ihren Bedürfnissen, Gefühlen, Trieben, ihrer Individualität und Menschlichkeit keinen oder wenig Raum. Und damit ist in ihrem Leben auch kein Platz für „negative" und für sie dysfunktionale Emotionen wie etwa Ärger, Wut und Aggression.

Dennoch bricht aufgestauter Ärger wiederholt, ja sogar häufig durch. Da Menschen dieses Ärgertyps alles kontrollieren, alles im Griff haben möchten, müssen ihnen Ärgergefühle, die sich nach dem Dampfkesselprinzip durchsetzen, zwangsläufig Angst machen. Sie ärgern sich dann über sich selbst und versuchen die Kontrolle über diese negativen Gefühle noch weiter zu erhöhen. Doch auch dies kann nicht gelingen, da eine perfekte Kontrolle im seelischen Bereich weder möglich noch wünschenswert, geschweige denn gesund ist.

Die zwanghafte Persönlichkeitsstruktur dieses Typs führt dazu, dass er sich immer mehr über sich selbst ärgern muss. Denn die übermäßige Beschäftigung mit Regeln, unbedeutenden Details, mit Effizienz, Formalien oder Verfahrensfragen stört die Übersicht und kostet sehr viel Zeit. Die wichtigen Dinge kommen dadurch nicht zur Erledigung oder werden bis zuletzt aufgeschoben.

Zum zwanghaften Ärgertyp zählen überproportional viele Männer!

Dass dies alles auch andere Menschen stören und verärgern kann, leuchtet ein. Damit kommt neues Ärgerpotenzial auf den zwanghaften Ärgertyp zu. Nicht nur muss er sich über die Ablehnung, die sozialen und beruflichen Nachteile ärgern oder damit auseinander setzen. Vielmehr fühlt er sich von seiner Umgebung häufig verkannt. Die Betroffenen glauben in der Regel, immer Recht zu haben, sind regelrechte Besserwisser und wollen dominieren. Autoritäten widersetzen sie sich hartnäckig. Emotionales Verhalten wird bei anderen nicht akzeptiert, schon gar nicht Ärger und Ärgerausdruck beziehungsweise in dessen Gefolge Wut und Aggression.

Wenn das Ärgerpotenzial unermesslich ist

Unter meinen Patienten habe ich selten Menschen erlebt, die sich so sehr (unberechtigt) ärgern konnten wie der zwanghafte Ärgertyp. Und die zugleich so wenig emotionalen Ausdruck (auch des Ärgers) zeigten. Gerade dieser Gegensatz von innerlich hohem Ärgerpotenzial und äußerlicher Steifheit beziehungsweise mangelnder emotionaler Ausdrucksfähigkeit ist es, welcher die Brisanz dieses Ärgertyps ausmacht. Auch die Widersprüche von Selbstabgrenzung und Überanpassung, von starrem Selbstwertgefühl und extremer Selbstunsicherheit sind in diesem Ärgertyp vereinigt.

Fragetest zum zwanghaften Ärgertyp

Zur Anwendung und Auswertung des Fragebogens informieren Sie sich bitte unter Ärgertyp I auf Seite 66ff.

1 Ich erfülle häufig meine Aufgaben nicht, weil ich nach Perfektion strebe. Aufgrund dessen können meine angezielten Vorhaben oft nicht realisiert werden.
0 – 1 – 2 – 3 – 4 – 5 – 6 – 7 – 8 – 9 – 10

2 Ich beschäftige mich häufig übermäßig mit Details, so dass das eigentliche Anliegen, die eigentliche Ursache und Motivation für die Aktivitäten verloren gehen.
0 – 1 – 2 – 3 – 4 – 5 – 6 – 7 – 8 – 9 – 10

3 Ich beharre meist darauf, dass meine eigenen Arbeits- und Vorgehensweisen von anderen übernommen werden, oder ich zeige einen ungerechtfertigten Widerwillen dagegen, anderen Tätigkeiten zu überlassen beziehungsweise zu delegieren; dies aus der Überzeugung, dass sie nicht korrekt ausgeführt werden.
0 – 1 – 2 – 3 – 4 – 5 – 6 – 7 – 8 – 9 – 10

4 Arbeit, Effizienz, Produktivität stehen bei mir meist über dem Vergnügen und über zwischenmenschlichen Beziehungen.
0 – 1 – 2 – 3 – 4 – 5 – 6 – 7 – 8 – 9 – 10

5 Ich bin bei den meisten Entscheidungen ziemlich unentschlossen. Entscheidungen werden oft vollkommen vermieden oder zumindest lange hinausgezögert.
0 – 1 – 2 – 3 – 4 – 5 – 6 – 7 – 8 – 9 – 10

Menschen mit einem zwanghaften Umgang mit Problemen stellen extrem hohe Maßstäbe an die eigene Person. Deshalb ärgern sie sich vor allem über sich selbst.

6 Ich bin übermäßig gewissenhaft, besorgt und unflexibel (starr) gegenüber nahezu allem, was Wertvorstellungen, Moral, Ethik, gesellschaftliche Normen und Prinzipien anbetrifft. Dies ist ein grundsätzlicher Zug an mir.
0 – 1 – 2 – 3 – 4 – 5 – 6 – 7 – 8 – 9 – 10

7 Ich bin ziemlich kleinlich, was Zeit, Geld oder Geschenke anbetrifft, wenn ich mir daraus keinen persönlichen Vorteil erwarte.
0 – 1 – 2 – 3 – 4 – 5 – 6 – 7 – 8 – 9 – 10

8 Normen, Ideale und Prinzipien werden von mir nur selten auf ihre Sinnhaltigkeit hin überprüft.
0 – 1 – 2 – 3 – 4 – 5 – 6 – 7 – 8 – 9 – 10

9 Ich habe die Neigung, alles zu kontrollieren und im Griff zu haben.
0 – 1 – 2 – 3 – 4 – 5 – 6 – 7 – 8 – 9 – 10

10 Ich bin so gut wie nie mit mir selbst und mit anderen Menschen zufrieden.
0 – 1 – 2 – 3 – 4 – 5 – 6 – 7 – 8 – 9 – 10

11 Emotionales Verhalten bei anderen Menschen akzeptiere ich nicht.
0 – 1 – 2 – 3 – 4 – 5 – 6 – 7 – 8 – 9 – 10

Summe der mit einem Wert von mindestens 6 angekreuzten Fragen:
Summe der Skalenzahlen:
Durchschnittswert:

Spezieller **Ärgertyp: selbstunsicherer Umgang** mit **Problemen**

Derartige Charaktere sind ausgesprochen empfindlich und schnell zu beeindrucken. Jede kleinste Form der Kritik kann sie schwer verletzen und lange grübeln lassen. Es besteht eine übertriebene Angst vor negativer Beurteilung durch andere, ebenso ausgeprägte Schüchternheit. Verdrängung und sonstige Formen der Bewältigung und Abwehr von Problemen funktionieren nicht. Das Belastende bleibt im Bewusstsein und ist dann emotional stark besetzt. Es kommt zu einem enormen Anstauen insbesondere auch von Ärgeremotionen.

Ärger- und Aggressionsausdruck sind bei diesem Typ durch soziale Ängste stark gemindert. Während für die eigene Person zu wenig Raum beansprucht wird, werden andere Menschen überbewertet. Daher können sich die Betroffenen meist nur über sich selbst und ihre eigenen Unfähigkeiten ärgern. Sie leiden unter der Angst, mit ihrem Ärgerausdruck negativ aufzufallen und eine komische, blamable Figur abzugeben. Sie haben Sorge, im Selbstausdruck und im Ärgerausdruck zu viel Schwäche und Verletzlichkeit zu zeigen. Sie ersparen sich den Ausdruck von Ärger nach dem Motto: „Was sollen denn die anderen von mir denken!“

Der selbstunsichere Ärgertyp hält seinen Ärger zurück, aus Angst, unangenehm aufzufallen.

Fragetest zum selbstunsicheren Ärgertyp

Zur Anwendung und Auswertung des Fragebogens informieren Sie sich bitte unter Ärgertyp I auf Seite 66ff.

1 Ich lasse mich durch Kritik oder Ablehnung ziemlich leicht verletzen.
0 – 1 – 2 – 3 – 4 – 5 – 6 – 7 – 8 – 9 – 10

2 Meine engsten Freunde habe ich nur aus der Gruppe meiner Verwandten ersten Grades. Die Ausnahme bildet höchstens noch eine weitere andere Person.
0 – 1 – 2 – 3 – 4 – 5 – 6 – 7 – 8 – 9 – 10

3 Ich gehe nur eine Beziehung ein, wenn ich weiß und sicher bin, dass ich von diesem Menschen voll und ganz akzeptiert werde.
0 – 1 – 2 – 3 – 4 – 5 – 6 – 7 – 8 – 9 – 10

4 In der Regel vermeide ich zwischenmenschliche und berufliche Aktivitäten und Kontakte, bei denen engere Beziehungen geknüpft beziehungsweise gepflegt werden (müssen).
0 – 1 – 2 – 3 – 4 – 5 – 6 – 7 – 8 – 9 – 10

5 In Gesellschaft halte ich mich meist zurück, aus Angst, dass ich etwas Falsches, Unpassendes oder gar Dummes sagen könnte oder dass ich eine geforderte Fähigkeit, zum Beispiel die Beantwortung einer Frage, nicht leisten könnte.
0 – 1 – 2 – 3 – 4 – 5 – 6 – 7 – 8 – 9 – 10

6 Ich habe Angst, mich vor anderen zu blamieren und in Verlegenheit zu geraten. Dies insbesondere durch Weinen, Zittern, sonstige Anzeichen von Angst oder durch Erröten.
0 – 1 – 2 – 3 – 4 – 5 – 6 – 7 – 8 – 9 – 10

7 Bereits bei ganz alltäglichen, für mich jedoch außergewöhnlichen Aktivitäten übertreibe ich im Vorfeld die möglichen Schwierigkeiten, Risiken und körperlichen Gefahren für mich. So sage ich häufig gesellschaftliche Einladungen oder Verpflichtungen ab, weil ich glaube, den Anstrengungen nicht standhalten zu können.
0 – 1 – 2 – 3 – 4 – 5 – 6 – 7 – 8 – 9 – 10

8 Ich bin außerordentlich empfindlich und schnell zu beeindrucken.
0 – 1 – 2 – 3 – 4 – 5 – 6 – 7 – 8 – 9 – 10

9 Jede selbst kleinste Kritik kann mich schwer verletzen und lange darüber grübeln lassen.
0 – 1 – 2 – 3 – 4 – 5 – 6 – 7 – 8 – 9 – 10

10 Ich würde es in jedem Falle vermeiden, eine öffentliche Rede zu halten, auch wenn dies für mich ausgesprochen wichtig wäre.
0 – 1 – 2 – 3 – 4 – 5 – 6 – 7 – 8 – 9 – 10

Summe der mit einem Wert von mindestens 6 angekreuzten Fragen:
Summe der Skalenzahlen:
Durchschnittswert:

Spezieller **Ärgertyp: paranoid-querulatorisches Verhalten**

Dieser Ärgertyp hat die Neigung, sich schnell von anderen Menschen – allerdings ungerechtfertigt – bedroht und erniedrigt, ausgenutzt oder benachteiligt zu fühlen. Glaubwürdigkeit und Seriosität selbst bester Freunde stellt er permanent in Frage. Neue Situationen werden häufig als Gefahr gesehen. Bemerkungen und Vorkommnissen in derartigen Situationen wird eine bedrohliche und für die Betroffenen abwertende Bedeutung zugesprochen.

Diese Menschen fühlen sich insgesamt leicht missachtet, reagieren rasch verärgert und starten aggressive Gegenangriffe. Sie sind nachtragend und können schlecht vergeben. Anderen Menschen vertrauen sie sich nur zögerlich an. Ungern geben sie Informationen insbesondere von sich selbst weiter, aus Angst, diese könnten gegen sie verwendet werden. Sie gelten als vorsichtig, unaufrichtig, intrigant und verschlossen.

Dieser Typ neigt zu ausgeprägter Streitsucht. Im Nu werden Kleinigkeiten zu großen Problemen hochstilisiert. Aber auch bei berechtigter Kritik an Umständen und bestehenden Ungerechtigkeiten kennt er kein Maß und Ziel. Er sieht ausschließlich seine eigenen Belange und kann sich darauf so stark fixieren, dass er die Rechte anderer verletzt. Dann werden

Der paranoid-querulatorische Ärgertyp fühlt sich ständig und von jedem bedroht. Er benützt seinen Ärgerausdruck vor allem zur Abgrenzung von einer „feindlichen Umgebung“.

Methoden eingesetzt, die vollkommen unangemessen sind. Und das richtet letztlich mehr Schaden an, als es nutzt.

Zu diesem Typ zählt auch der so genannte Fanatiker. Diese Menschen verfolgen mit äußerster Verbissenheit und Kompromisslosigkeit Ideen, Weltanschauungen und Vorlieben (so auch der zwanghafte „Positiv-Denker"!). Kritik an der eigenen Person wird demgegenüber nur schwer verkraftet. Humor fehlt diesen Menschen meist völlig, und sie wirken ausgesprochen ernst und kalt. Angestrebt werden Vernunft, Nüchternheit und Objektivität. Von ihren Mitmenschen werden sie oftmals als stur, feindselig und sich stark abgrenzend erlebt. Sie zeigen sich nur begrenzt kompromissfähig, geben selten nach. Andere fühlen sich in ihrer Anwesenheit häufig ziemlich unwohl und entwickeln Ängste.

Diese Menschen streben nach Unabhängigkeit. Überzeugt von ihrer eigenen herausragenden Bedeutung, wollen sie in Gruppen dominieren oder sie vermeiden derartige Situationen und Kontakte. Sie besitzen ein besonderes Gespür für Macht und Machtverhältnisse. Mit Mächtigen können sie schnell rivalisieren oder sie sind zumindest neidisch auf derartige Machtpositionen. Schwächliche und „unvollkommene Menschen" werden verachtet.

Solche Charaktertypen können sich die differenzierte Bedeutung der Ärgeremotion nicht klarmachen. Sie sind kaum in der Lage, die selbstkritischen Aspekte des Ärgers zu erkennen,

Den paranoiden Ärgertyp findet man wie den zwanghaften Ärgertyp häufiger bei Männern als bei Frauen!

und tragen daher ihren Ärger eher unverarbeitet nach außen. Das Ärgerpotenzial ist allerdings enorm, da sich diese Menschen zum Maßstab machen und zusätzlich hohe Ansprüche an sich stellen. Sie haben grundsätzlich das Gefühl, in einer feindlichen Umwelt zu leben, die ihnen angeblich auch das Selbstwertgefühl rauben will. Daher befinden sich diese Menschen immer in Habachtstellung und grenzen sich mit Hilfe ihrer Ärgeremotion übertrieben ab. Der kommunikative Aspekt von Ärger geht dabei vollkommen verloren. Produktive Änderungsziele können nicht oder lediglich sehr eingeschränkt verfolgt werden. Das Ziel einer menschlichen Lebensweise wird aus dem Blick verloren. Langfristig vergiftet das persönlichkeitsbedingte krankhafte Ärgern und Streiten das Klima. All dies verschlechtert für diesen Ärgertyp die eigenen Lebens- und Umgebungsbedingungen.

Fragetest zum paranoid-querulatorischen Ärgertyp

Zur Anwendung und Auswertung des Fragebogens informieren Sie sich bitte unter Ärgertyp I auf Seite 66ff.

1 Ich fühle mich meist ohne tatsächlichen Grund von anderen Menschen benachteiligt oder ausgenutzt.
0 – 1 – 2 – 3 – 4 – 5 – 6 – 7 – 8 – 9 – 10

2 Ohne Grund stelle ich häufig die Glaubwürdigkeit oder Seriosität meiner Freunde oder Mitarbeiter in Frage.
0 – 1 – 2 – 3 – 4 – 5 – 6 – 7 – 8 – 9 – 10

3 Oft messe ich beiläufig-harmlosen Äußerungen oder Ereignissen einen für mich versteckten, abwertenden oder gar bedrohlichen Hintersinn zu.
0 – 1 – 2 – 3 – 4 – 5 – 6 – 7 – 8 – 9 – 10

4 Ich bin über einen sehr langen Zeitraum sehr nachtragend, was verletzende Bemerkungen, Beleidigungen oder Missachtung anbetrifft.
0 – 1 – 2 – 3 – 4 – 5 – 6 – 7 – 8 – 9 – 10

5 Anderen Menschen gegenüber bin ich, was wichtige Informationen und Persönliches angeht, ziemlich verschlossen. Ich habe unberechtigte Angst, dass diese Informationen wieder gegen mich verwendet werden könnten.
0 – 1 – 2 – 3 – 4 – 5 – 6 – 7 – 8 – 9 – 10

6 Ich fühle mich ausgesprochen rasch übergangen oder missachtet und reagiere generell schnell wütend beziehungsweise starte blitzschnell einen Gegenangriff.
0 – 1 – 2 – 3 – 4 – 5 – 6 – 7 – 8 – 9 – 10

7 Ich neige dazu, grundlos die Treue des Ehe- oder Lebenspartners anzuzweifeln.
0 – 1 – 2 – 3 – 4 – 5 – 6 – 7 – 8 – 9 – 10

8 Ich neige zu ausgeprägter Streitsucht und vermag schnell aus einer Mücke einen Elefanten zu machen.
0 – 1 – 2 – 3 – 4 – 5 – 6 – 7 – 8 – 9 – 10

9 Selbst bei berechtigter Kritik kenne ich kein Maß und Ziel. Dann kann ich auch schon einmal die Rechte anderer verletzen. Meine Methoden sind dann vollkommen unangemessen.
0 – 1 – 2 – 3 – 4 – 5 – 6 – 7 – 8 – 9 – 10

10 Ich verfolge meist mit äußerster Verbissenheit und Kompromisslosigkeit Ideen, Weltanschauungen und Vorlieben.
0 – 1 – 2 – 3 – 4 – 5 – 6 – 7 – 8 – 9 – 10

11 Schwächliche und unvollkommene Menschen verachte ich.
0 – 1 – 2 – 3 – 4 – 5 – 6 – 7 – 8 – 9 – 10

Summe der mit einem Wert von mindestens 6 angekreuzten Fragen:
Summe der Skalenzahlen:
Durchschnittswert:

Spezieller **Ärgertyp: passiv-aggressives Verhalten**

Menschen dieses Typs können Ärger und Aggression nicht oder lediglich schlecht ausdrücken, leisten jedoch passiven Widerstand gegenüber sozialen wie auch beruflichen Anforderungen und Konflikten. Das Widersetzen äußert sich eher indirekt als direkt. So zeigt sich ein ausgeprägtes Versagen in den angesprochenen Lebensbereichen, obwohl die Betroffenen leistungs- und durchsetzungsfähiger sein könnten. Bemerkbar macht sich dies in Verspätungen, Missverständnissen, Trödelei, Vergesslichkeit, Bockigkeit, absichtlich herbeigeführter Um-

ständlichkeit und Ineffizienz – ein Verhalten, das auch die Arbeit anderer behindert.

Konflikte werden nicht offen ausgetragen, sondern durch die beschriebenen Unzulänglichkeiten drückt dieser Ärgertyp seine Gefühle nur latent aus. Die indirekte Form des Ausdrucks von Ärger vernebelt dessen Bedeutung und trägt zu einer unterschwellig feindseligen Interaktion bei, die rational in ihren Ärgerursachen nicht zu greifen ist. Der indirekte Ärgerausdruck erzeugt wiederum enorme Aggressionen der Gegenseite, die ebenfalls unproduktiv sind. Auf diese Weise wird ein Status quo an permanentem Ärger erhalten, anstatt Entwicklung zu fördern. Diese Menschen erzeugen ein unablässiges Klima des Ärgers in den meisten ihrer sozialen Umgebungen.

Fragetest zum passiv-aggressiven Ärgertyp

Zur Anwendung und Auswertung des Fragebogens informieren Sie sich bitte unter Ärgertyp I auf Seite 66ff.

1 Ich starte Tätigkeiten häufig mit Verzögerungen, das heißt, ich schiebe Aktionen so lange hinaus oder entwickle Komplikationen, dass vorgegebene Fristen nicht eingehalten werden können (bitte auch die Umgebung fragen).
0 – 1 – 2 – 3 – 4 – 5 – 6 – 7 – 8 – 9 – 10

Der passiv-aggressive Ärgertyp drückt seinen Ärger und seine Aggressionen nicht offen, sondern nur verdeckt aus. Dadurch ist keine Interaktion mit Zielrichtung auf sinnvolle Veränderungen möglich.

2 Wenn von mir Dinge verlangt werden, die ich partout nicht machen möchte, dann werde ich streitsüchtig, mürrisch oder reizbar.
0 – 1 – 2 – 3 – 4 – 5 – 6 – 7 – 8 – 9 – 10

3 Wenn ich etwas nicht tun möchte, dann arbeite ich bewusst langsam oder ich führe die Arbeit schlecht oder unvollständig aus.
0 – 1 – 2 – 3 – 4 – 5 – 6 – 7 – 8 – 9 – 10

4 Häufig beschwere ich mich bei durchaus sinnvollen Aufgaben darüber, dass andere Menschen unsinnige Anforderungen an mich stellen.
0 – 1 – 2 – 3 – 4 – 5 – 6 – 7 – 8 – 9 – 10

5 Oftmals vermeide ich eine Pflichterfüllung dadurch, dass ich behaupte, die Sache ganz einfach vergessen zu haben. Vergesslichkeit ist für mich eine beliebte Ausrede, um mich zu verweigern.
0 – 1 – 2 – 3 – 4 – 5 – 6 – 7 – 8 – 9 – 10

6 Ich bin der Überzeugung, dass ich meine Aufgaben und Tätigkeiten besser erfülle und ausübe, als andere dies glauben.
0 – 1 – 2 – 3 – 4 – 5 – 6 – 7 – 8 – 9 – 10

7 Wenn von anderen Menschen vorteilhafte Verbesserungsvorschläge zur Steigerung meiner Effizienz oder Produktivität kommen, dann nehme ich ihnen dies ausgesprochen übel.
0 – 1 – 2 – 3 – 4 – 5 – 6 – 7 – 8 – 9 – 10

8 Ich behindere andere dabei, ihre Arbeit zu tun, indem ich selbst schlecht oder gar nicht zuarbeite.
0 – 1 – 2 – 3 – 4 – 5 – 6 – 7 – 8 – 9 – 10
9 Autoritätspersonen kann ich nicht ausstehen. Ich reagiere auf sie mit übertriebener Kritik und Verachtung.
0 – 1 – 2 – 3 – 4 – 5 – 6 – 7 – 8 – 9 – 10
10 Aus Trotz und Widerstand bleibe ich häufig unter meinem Können und meiner Effektivität.
0 – 1 – 2 – 3 – 4 – 5 – 6 – 7 – 8 – 9 – 10
11 Ärger, Wut, Aggression, Konflikte kann ich nicht direkt austragen oder ausdrücken. Dies fällt mir ausgesprochen schwer. Ich tue dies jedoch in den meisten Fällen indirekt.
0 – 1 – 2 – 3 – 4 – 5 – 6 – 7 – 8 – 9 – 10

Summe der mit einem Wert von mindestens 6 angekreuzten Fragen:
Summe der Skalenzahlen:
Durchschnittswert:

Spezieller **Ärgertyp: antisoziales Verhalten**

Bei diesen Menschen zeigt sich ein verantwortungsloses und antisoziales Verhalten, und das meist schon seit der Kindheit. Sie fielen früh durch Lügen, Diebstahl, Vandalismus, Prügeleien und vielem mehr auf. Im Erwachsenenalter können sie häufig nichts durchhalten, üben keine dauerhaften Tätigkeiten aus, kommen ihren finanziellen Verpflichtungen nicht oder nur unvollständig nach, stehlen sich aus vielfältiger Verantwortung. Sie können nicht vorausschauend planen. Meist ist es ihnen unmöglich, sich an gesellschaftliche Konventionen und Normen zu halten. Das antisoziale Verhalten führt bis zu kriminellen oder auch illegalen Handlungen, die nicht selten Haftstrafen nach sich ziehen.

Die Betroffenen sind leicht reizbar und neigen zu ausgeprägter Aggression. Sie nehmen kaum Rücksicht auf andere. Und es besteht kein Schuldbewusstsein hinsichtlich des eigenen Verhaltens. Entgegen der fachlich vorherrschenden Auffassung habe ich es dennoch oft erlebt, dass diese Menschen in einer bestimmten Weise unter ihrem Verhalten leiden: Sie stehen unter extremer Anspannung, sind äußerst nervös und kommen mit Langeweile nicht klar. Es treten Verstimmungen bis hin zu schweren Depressionen auf. Die Feindseligkeit anderer ihnen gegenüber erleben sie als Irritation und Belastung. Ohnehin sind sie leicht irritierbar und frustrierbar und neigen zu teilweise heftigen Gefühlsschwankungen. Insofern besteht durchaus ein Leidensdruck, der zur Veränderung dieser Personen genutzt werden könnte.

Ärger wird bei diesem Typ unmittelbar ausgelebt und regelrecht zelebriert. Dies hat damit zu tun, dass sich diese Menschen bereits von Kleinigkeiten eingeengt und geschädigt füh-

Trotz seines unverantwortlichen Verhaltens besteht beim antisozialen Ärgertyp durchaus ein Leidensdruck. Dieser könnte zu einer Veränderung seines Verhaltens genutzt werden.

len. Selbstkritik und Selbstärger sind gering ausgeprägt. Die Betroffenen sind nicht in der Lage, eine differenzierte Ärgerbedeutungsanalyse durchzuführen. Nur der unvermittelte Ärger vermag ausgedrückt zu werden.

Ein Extrem als Warnung

Dieser Ärgertyp wird vielen Lesern extrem vorkommen. Das ist er auch – und insbesondere deshalb habe ich ihn aufgeführt! Weil er nämlich den Prototyp eines unangemessenen Umgangs mit Ärger darstellt. Aber auch, weil ich jene Menschen warnen möchte, die mit diesem Ärgertyp in irgendeiner Weise in Verbindung stehen. Denn sie sind die Leidtragenden solch unvermittelten Ärger- und Aggressionsverhaltens. Der antisoziale Ärgertyp ist einer der Gründe dafür, warum so viele Menschen letztlich unberechtigt vor ihrem eigenen Ärger und ihren eigenen Aggressionen Angst haben und nicht imstande sind, diese auszudrücken. Indem ich mich also bewusst von diesem krankhaften Ausdruck von Ärger und Aggression distanziere, möchte ich Ärgergehemmten die Angst vor ihren Emotionen nehmen.

info

Den Menschen, die zu diesem Ärgertyp zählen, wurden die antisozialen Verhaltensweisen häufig vorgelebt oder es mangelte an Erziehung. Nicht selten bestand in der Kindheit außerdem eine Aufmerksamkeits- und Hyperaktivitätsstörung, die nicht hinreichend behandelt wurde.

Fragetest zum antisozialen Ärgertyp

Zur Anwendung und Auswertung des Fragebogens informieren Sie sich bitte unter Ärgertyp I auf Seite 66ff. Beachten Sie aber, dass bereits drei mit einem Wert von mindestens 6 beantwortete Fragen für das Vorliegen dieses Ärgertyps ausreichen!

1 Ich habe früher oft die Schule geschwänzt.
0 – 1 – 2 – 3 – 4 – 5 – 6 – 7 – 8 – 9 – 10

2 Ich habe in der Zeit vor dem 15. Lebensjahr häufig Schlägereien angezettelt.
0 – 1 – 2 – 3 – 4 – 5 – 6 – 7 – 8 – 9 – 10

3 In der Zeit vor dem 15. Lebensjahr habe ich bei mehreren Schlägereien auch einmal eine Waffe benutzt.
0 – 1 – 2 – 3 – 4 – 5 – 6 – 7 – 8 – 9 – 10

4 In der Zeit vor dem 15. Lebensjahr quälte ich häufiger Tiere.
0 – 1 – 2 – 3 – 4 – 5 – 6 – 7 – 8 – 9 – 10

5 In der Zeit vor dem 15. Lebensjahr zerstörte ich vorsätzlich fremdes Eigentum.
0 – 1 – 2 – 3 – 4 – 5 – 6 – 7 – 8 – 9 – 10

6 In der Zeit vor dem 15. Lebensjahr habe ich mehrfach gestohlen.
0 – 1 – 2 – 3 – 4 – 5 – 6 – 7 – 8 – 9 – 10

7 Ich bin unfähig, einer dauerhaften Berufstätigkeit nachzugehen.
0 – 1 – 2 – 3 – 4 – 5 – 6 – 7 – 8 – 9 – 10

8 Ich kann mich sozialen und rechtlichen Normen unserer Gesellschaft nicht anpassen.
0 – 1 – 2 – 3 – 4 – 5 – 6 – 7 – 8 – 9 – 10

Wenn dermaßen aggressive Personen keinen mäßigenden Lernprozess durchlaufen, müssen unsere Gesetze hier in voller Härte zuschlagen.

9 Ich bin ausgesprochen reizbar und aggressiv. Ich schlage mich mit anderen, prügele meinen Partner und meine Kinder.
0 – 1 – 2 – 3 – 4 – 5 – 6 – 7 – 8 – 9 – 10

10 Meinen finanziellen Verpflichtungen komme ich zum wiederholten Mal nicht nach.
0 – 1 – 2 – 3 – 4 – 5 – 6 – 7 – 8 – 9 – 10

11 Ich bin eher impulsiv und kann schlecht oder sogar überhaupt nicht vorausschauend planen.
0 – 1 – 2 – 3 – 4 – 5 – 6 – 7 – 8 – 9 – 10

12 Ich lüge, äußere Ausflüchte und betrüge andere Menschen zum Vergnügen oder zu meinem persönlichen Vorteil.
0 – 1 – 2 – 3 – 4 – 5 – 6 – 7 – 8 – 9 – 10

13 Ich bin insgesamt gewissenlos und rücksichtslos gegenüber anderen Menschen. Dies zeigt sich auch durch Trunkenheit am Steuer oder durch Raserei im Straßenverkehr.
0 – 1 – 2 – 3 – 4 – 5 – 6 – 7 – 8 – 9 – 10

14 In einer Beziehung war ich nicht länger als ein Jahr treu.
0 – 1 – 2 – 3 – 4 – 5 – 6 – 7 – 8 – 9 – 10

15 Ich verspüre bei meinem Tun keine Gewissensbisse oder Schuldgefühle, sondern vermag alles zu rechtfertigen.
0 – 1 – 2 – 3 – 4 – 5 – 6 – 7 – 8 – 9 – 10

Summe der mit einem Wert von mindestens 6 angekreuzten Fragen:
Summe der Skalenzahlen:
Durchschnittswert:

kapitel **vier**

gesundes ärgern **trainieren**

Wer ist angesprochen – und wer nicht?

Zu Beginn dieses Kapitels möchte ich noch einmal ganz deutlich betonen, dass dieses Buch für Ärgergehemmte geschrieben wurde. Es gibt jedoch Menschen in unserer Gesellschaft, die nicht noch zum Ausdruck von Ärger und Aggression ermutigt werden müssen. Dieser Personenkreis ist zwar ebenfalls nicht in der Lage, produktiv mit Ärger umzugehen, zeigt allerdings eher eine unangemessene Ärger- und Aggressions-Enthemmung. Diese reicht bis hin zu krankhaften Zuständen und psychischen Störungen. Zu dieser Gruppe von Menschen gehören die folgenden im vorherigen Kapitel beschriebenen Ärgertypen:

- Ärgertyp II (jedoch nur in seiner Extremform)
- paranoid-querulatorischer Ärgertyp
- antisozialer Ärgertyp

Personen, die sich diesen drei Ärgertypen zuordnen lassen, sollten ihren Ärgerausdruck nicht durch ein Training noch weiter erhöhen. Vielmehr sind sie dazu eingeladen, mit Hilfe dieses Buches ihr Ärgerverhalten zu überprüfen und zu lernen, die aufgezeigten Wege eines produktiven Umgangs mit Ärger und Aggression zu beschreiten. Für alle anderen gilt:

- Produktiver Ärgerausdruck hält psychisch gesund. Chronische Ärgerunterdrückung kann krank machen.
- Produktiver Ärgerausdruck verbessert die zwischenmenschlichen Beziehungen und die Stellung in Gesellschaft und Beruf.
- Produktiver Ärgerausdruck steigert Intelligenz und Kreativität. Ärgerunterdrückung beeinträchtigt die intellektuellen Fähigkeiten. Denn verdrängter Ärger und mangelnde Konfliktbereitschaft führen häufig dazu, dass Menschen unkonzentriert und blockiert sind.
- Hemmung des Ärgers führt zum längeren Andauern der Ärgeremotion.

Das **Ärgertagebuch**

Zu Beginn des Ärgertrainings ist es wichtig, möglichst unvoreingenommen an das eigene Ärger- und Aggressionsverhalten heranzugehen. Es gilt, so viele Informationen wie möglich darüber zu sammeln. Daher sollten Sie über einen Zeitraum von zwei, besser von vier Wochen ein Ärgertagebuch führen. Nutzen Sie eventuell das von mir erstellte Raster im Anhang auf Seite 147.

Ziel ist es, mit dieser Methode herauszufinden, welche Menschen, Situationen und Ereignisse es hauptsächlich sind, die Sie verärgern und wie oft. Auch über das angemessene oder

Jede kleinste Ärgerreaktion macht lebendiger und hält psychisch gesund!

unangemessene Ärgerverhalten gibt das Tagebuch Auskunft. Auf diese Weise erfahren Sie etwas über das Auftreten und die Art Ihrer Ärgerhemmung. Gleichzeitig hält Sie das Protokollieren dazu an, sich selbst besser zu beobachten und bezüglich Ihres Ärgers sensibler zu werden. Später können die Informationen, die die Aufzeichnungen liefern, auch für andere Trainingstechniken mitbenutzt werden.

Wichtig ist zudem, Ihre Beobachtungen möglichst unmittelbar zu Papier zu bringen. Spätestens sollte das Tagebuch abends für den aktuellen Tag geführt werden. Am besten wären sogar sofortige Notizen, weil sich Beobachtungen in der Erinnerung schnell verwischen. Für eine genaue Analyse des eigenen Verhaltens und möglicher Auslösesituationen von Ärger sind jedoch Einzelheiten von enormer Bedeutung. Situation und Verhalten müssen dadurch teilweise vollkommen anders bewertet werden.

Auch auf die Regelmäßigkeit der Buchführung kommt es an. Will man langfristige Durchschnittswerte beziehungsweise überdauernde Faktoren erkennen, dann sollte schon ein geschlossener Zeitraum protokolliert werden. Sonst wird jede Beobachtung willkürlich und bleibt auch in ihrem Inhalt der jeweiligen Laune überlassen.

Wenn Sie ein Ärgertagebuch führen, haben Sie es schwarz auf weiß, worüber und wie oft Sie sich ärgern.

Kognitive Methoden zur Ärgerwahrnehmung

Beim Führen des Ärgertagebuchs werden Sie bemerken: Es ist nicht immer einfach, den eigenen Ärger wahrzunehmen. Deshalb ist es von großer Bedeutung, die Sensibilität für die eigene Ärgeremotion zu üben und dadurch zu verbessern. Die so genannten Kognitiven Verfahren (gedanklich-geistige Techniken) – und hier die Kognitive Umstrukturierung aus der Psychotherapie – erweisen sich dafür als gute Methoden. Bei der Kognitiven Umstrukturierung geht es darum, eine für sich selbst glaubwürdige Einstellungsänderung hinsichtlich des problematischen Denkens, Fühlens und Verhaltens zu entwickeln. Dazu gibt es bestimmte Vorgehensweisen.

Auf das Ärgerverhalten angewandt, lautet die generelle Zielrichtung folgendermaßen: Ein Ärgergehemmter soll sich eine andere, eine veränderte Einstellung zu Ärger und Ärgerausdruck zulegen. Dies geschieht in diesem Buch einerseits durch einleuchtende Argumente, die ich Ihnen als Leser anbiete. Andererseits macht man bei der Umsetzung eines Inhalts auch neue Erfahrungen. Während Sie also mit den Methoden und Techniken dieses Buches experimentieren, können Sie überprüfen, was für Sie hilfreich ist und was Ihnen gut tut. Dies wird Ihre inneren Überzeugungen neu prägen – wie ich hoffe in Richtung Ärgerenthemmung.

Machen Sie sich Verschüttetes wieder zugänglich!

Spaltentechnik zur Ärgerwahrnehmung

Die Schulung der Ärgerwahrnehmung hat zur Grundlage, dass sich Ihre Einstellung zum Ärger bereits etwas verändert hat und Sie zumindest schon stärker den produktiven Charakter des Ärgerns erkannt haben. Nur so werden Sie bereit sein, sich mit Ihren Ärgeremotionen zu beschäftigen und sich über alle Angst, Skepsis und Distanz hinweg damit anzufreunden. Bei der Annäherung an die teilweise angstbesetzten Ärgeremotionen kann Ihnen die „Spaltentechnik negativer Gedanken", wie sie auch beim Ausdruck von Ärgeremotionen nützlich ist (siehe Seite 118ff.), helfen. In Abwandlung auf die Wahrnehmung von Ärgeremotionen nenne ich diese Technik „Spaltentechnik zur Ärgerwahrnehmung". Sie beschreibt sich durch den Beispieltext im Anhang auf Seite 150 gewissermaßen selbst. In das beigefügte Leerblatt auf Seite 151 übertragen Sie Ihre persönliche Konfliktsituation, die dadurch ausgelösten Gefühle und Gedanken und bewerten diese anschließend.

Zur Beurteilung Ihrer Überzeugtheit tragen Sie in die jeweilige Spalte Zahlen zwischen 0 bis 100 ein:
Überzeugtheitsgrad 0 = keine Überzeugung,
Überzeugtheitsgrad 100 = 100-prozentige Überzeugung.

Diese Technik sollte anfangs täglich erfolgen, und zwar über einen Zeitraum von mehreren Monaten. Sie führt zu einer fortschreitenden Wahrnehmung und Enthemmung bezüglich Ärger und Aggression. Die Einstellung zu „negativen" Gefühlen wie

Wut, Ärger und Aggression wandelt sich im Sinne des Buches. Der wechselnde Inhalt des Protokolls und die veränderten Überzeugungswerte zeigen den zunehmenden Fortschritt an.

Autosuggestion und Selbstinstruktion

Um Ihren Ärger besser wahrzunehmen, können Sie sich auch in einer Art Autosuggestion, also Selbstbeeinflussung, Vorsätze bilden und sich diese immer wieder innerlich vorsagen. Dadurch kann die Aufmerksamkeit gelenkt und können unbewusste psychische Strukturen auf Suggestionsziele hin gebildet werden. Typische Autosuggestionen zur Verbesserung der Ärgerwahrnehmung können sein:

- Ich achte immer mehr auf meine Gefühle, auch auf die negativen.
- Ich nehme meinen Ärger von Tag zu Tag immer stärker wahr.
- Ich nehme meinen Ärger und die damit verbundenen Gefühle an und kann sie erleben.
- Ich akzeptiere jegliche Form des eigenen Ärgers als mein persönliches Empfinden.
- Ich weiß, dass Ärger eine Bedeutung hat, und deshalb achte ich auf meine Ärgeremotionen.

Eine andere hilfreiche, mit der Autosuggestion verwandte Methode ist die der Selbstinstruktion: Hier geht es ebenfalls da-

Suggestion und Autosuggestion wirken bei verschiedenen Menschen unterschiedlich gut.

rum, die Aufmerksamkeit durch gedankliche Vorgaben zu lenken. Benutzt werden allerdings regelrechte Handlungsanweisungen, die man sich innerlich geben kann. Typische Selbstinstruktionen könnten sein:

- Ich weiß, dass ich mich jetzt ärgern müsste, kann dies aber nicht empfinden. Wo sind meine Gefühle? Ich fühle jetzt noch einmal ganz tief in mich hinein und mache mir klar, was da jemand gerade mit mir angestellt hat! Na? Immer noch nichts? Dann stelle ich mir eben einfach vor, wie meine beste Freundin, mein bester Freund oder irgendjemand, der sich gut ärgern kann, jetzt an meiner Stelle reagieren würde!

Imaginative Methoden zur Ärgerwahrnehmung

Auch der Imagination, das heißt des bildlichen Vorstellungsvermögens, kann man sich zur Wahrnehmung des Ärgers bedienen. Zur Vorbereitung erstellen Sie eine Liste von Situationen, die für Sie problematisch oder konfliktgeladen sind und in denen bei Ihnen Ärgergefühle aufkommen könnten. Machen Sie sich dabei die Ergebnisse Ihres Ärgertagebuchs und der Spaltentechnik zur Ärgerwahrnehmung zunutze.

Bildliches Hineingehen in Ärgersituationen

Begeben Sie sich bitte in eine bequeme Lage, indem Sie sich auf einen bequemen Stuhl setzen oder legen Sie sich besser auf eine bequeme Liege beziehungsweise ins Bett. Um möglichst ungestört zu sein, sollten Sie Fenster und Türen schließen und den Raum gegebenenfalls abdunkeln. Schließen Sie die Augen und versuchen Sie sich kurz zu entspannen, indem Sie mehrfach und gleichmäßig tief durchatmen und dabei alle Glieder lockern. Sie können auch eines der beschriebenen Entspannungsverfahren (siehe Seite 126ff.) an den Anfang dieser Übung stellen.

Versuchen Sie sich nun in einer passiven Aufmerksamkeit, also ganz entkrampft und eher beiläufig eine problematische Situation so gut wie möglich vorzustellen. Verwenden Sie dabei alle Ihre Sinne: neben den Bildern auch den Gehörsinn, den Tastsinn, den Geruchssinn, den Geschmackssinn. Versuchen Sie auch das Ganze in Farbe zu sehen. Stellen Sie sich die Umgebung der Situation vor und wie Sie dorthin gekommen sind. Stellen Sie sich die anwesenden Personen und auch den Gegenstand, die Geschehnisse vor, um die es geht. Versuchen Sie sich dabei ganze Handlungsstränge, Abhandlungen, Vorgehensweisen vorzustellen. Und stellen Sie sich vor, wie Sie sich selbst in dieser Situation bewegen. Finden Sie den entscheidenden Handlungsstrang, der für Sie bedeutsam ist und bei Ihnen Gefühle auslöst, und versuchen Sie dieses Erlebnis unter Umständen in der Vorstellung mehrfach zu wiederholen.

Das bildliche Hineingehen in eine Ärgersituation lässt sich mit und ohne vorherige Entspannung durchführen.

Haben Sie die Situation unter Verwendung der verschiedensten Aspekte und Ebenen klar vor Augen, dann forschen Sie danach, wie Sie sich in dieser Situation fühlen, welche Emotionen vorhanden sind oder aufkommen. Fragen Sie sich, ob hinter den ersten Gefühlsregungen noch weitere Gefühle stecken. Sollten Sie während dieser Vorstellungsübung tatsächlich auf Ärgeremotionen stoßen, dann versuchen Sie, diese so intensiv wie möglich zu erleben. Sollten Sie in der entsprechenden Situation Angst davor haben, dann gehen Sie aus der Situation heraus und versuchen, diese Ärgeremotionen mitzunehmen und sie losgelöst von der Situation oder an einem angenehmeren oder neutraleren Ort zu erleben. Ist dies nicht nötig, dann bleiben Sie in der Situation und versuchen dort so lange wie möglich dieses Ärger- und Aggressionsgefühl zu durchleben. Falls die Bilder und die Gefühle wieder verschwinden, dann versuchen Sie sich wieder zu entspannen und völlig von der vorgestellten Situation wegzukommen.

Haben Sie noch Kraft, können Sie nach einigen Minuten einen erneuten Durchgang starten. Jetzt ist es Ihnen vielleicht schon möglich, schneller an die verschütteten negativen Gefühle und damit auch an Ärger und Aggression zu gelangen. Vielleicht haben Sie diesmal auch weniger Angst davor. Und möglicherweise können Sie dann sogar in der vorgestellten Situation bleiben und diese negativen Gefühle dort für sich selbst innerlich voll ausleben.

Je entspannter Sie sind, desto besser wird die Imagination klappen.

Zur Beendigung dieser Imaginationsübung gehen Sie wieder aus der bildlichen Situation heraus und entspannen sich noch einige Minuten. Anschließend öffnen Sie die Augen und recken und strecken sich genüsslich.

Diese Übung können Sie beliebig oft anwenden. Es kann sein, dass die ausgewählte Situation immer unbedrohlicher und in den Gefühlen klarer wird. Teilweise ist es möglich, dass dann durch Gewöhnung und Desensibilisierung gar keine Ärgergefühle mehr aufkommen. Jedenfalls sollten Sie mit der Zeit und nach einem Lern- und Gewöhnungseffekt auch noch andere problematische Situationen ausprobieren. Idealerweise können Sie nach diesem Verfahren alle für Sie wichtigen Konflikt- und Ärgersituationen durchleben und auf diese Weise abarbeiten. Sie werden für Ihre Bemühungen reich belohnt, denn:

- Sie lernen, sich in der Vorstellung mit schwierigen Situationen zu beschäftigen, die Sie unter Umständen zuvor gemieden haben.
- Sie lernen zunehmend, Ihre auch negativen Gefühle in diesen Situationen zu spüren, zu erleben und auszuleben.
- Sie lernen, vor diesen negativen Gefühlen (Ärger, Wut und Aggression) immer weniger Angst zu haben.
- Sie lernen, zu diesen Gefühlen in den problematischen Situationen immer mehr zu stehen und selbstbewusster damit umzugehen.
- Sie lernen, im Alltag bestimmte situative Konstellationen als ärgerbesetzt einzuordnen.

Frauen kämpfen im Vergleich zu Männern offensichtlich mehr mit Angst- und Schuldgefühlen nach dem Ausdruck von Ärger. Außerdem macht ihnen gelegentlich noch das Rollenstereotyp „Ärgern ist nicht feminin“ zu schaffen.

- Sie dekonditionieren Ihre innerliche Ärger- und Aggressionshemmung in für Sie wichtigen Situationen und machen Ihre Ärgeremotion damit einer Bedeutungsanalyse zugänglich.

Probleme in der Vorstellung lösen: ein Beispiel

Sie haben ein Problem mit einer Arbeitskollegin oder einem Arbeitskollegen. Dieser schiebt Ihnen immer die unangenehmen Aufgaben zu und pickt sich selbst die Rosinen heraus. Sie können sich dagegen nur schwer wehren, weil Sie sich immer wieder überfahren lassen. Auch was Sie dabei fühlen und fühlen sollen, ist Ihnen nicht klar. Denn der Kollege hat Argumente, die er massiv vorträgt: „Du kannst das doch viel besser, ich habe davon keine Ahnung. Bei dir geht das doch wesentlich schneller.“ Obwohl diese Argumente nicht stichhaltig sind, wissen Sie nicht, wie Sie sich verhalten sollen. Sie verspüren zwar ein Gefühl des Unwohlseins, gleichzeitig jedoch auch eine erhebliche Unsicherheit und Angst im Umgang mit diesem sehr emotionalen Kollegen. Daher vermeiden Sie die Begegnung mit ihm zunehmend und beschränken sich im Kontakt auf das Nötigste. Treu und brav übernehmen Sie meist alle Aufgaben, die Ihnen der Kollege zuschustert.

Wenn Sie sich nun bildlich-imaginativ in diese Situation hineinbegeben, könnte es sein, dass Sie sich anfangs – aus Abwehr – diese Situation nur schwer vorstellen können. Denn sie ist ja mit

Konditionieren heißt, Verhaltensweisen durch Lernen erwerben. Dekonditionieren bedeutet, sich diese Verhaltensweisen wieder abzugewöhnen.

ausgesprochen unangenehmen Empfindungen verbunden. Doch es ist nicht nötig, gleich ein fernsehreifes Bild vor Augen zu haben. Es reicht häufig, sich das Ganze schemenhaft oder auch nur ahnungsweise zu verbildlichen. Denn oftmals kommen schon dann die mit der Situation verbundenen Gedanken und Gefühle auf. Und darum geht es ja bei dieser Übung; insofern reicht das vollkommen. Mit der Zeit wird jedoch ein immer besseres Bild vor Ihrem geistigen Auge auftauchen. Denn wie alle anderen Fertigkeiten muss auch die Technik der Imagination erst einmal erlernt werden. Regelmäßiges Üben führt zu immer besseren Ergebnissen. Diese Tatsache sollte Sie zu Anfang beruhigen und Ihnen den Stress mit der Methode nehmen. Stress können Sie dabei nämlich überhaupt nicht gebrauchen.

Wenn Sie sich das Problem vorstellen können, dann versuchen Sie sich an Details der Situation zu erinnern und daran festzuhalten. Wie sieht die genaue Umgebung aus, welche typischen Gegenstände fallen Ihnen auf? Welche Körperhaltung nimmt der Kollege ein, wie ist er gekleidet? Welche Haarfarbe, welche Gesichtsform hat er, wie ist sein Blick, wie der Gesichtsausdruck? Wie verhält er sich konkret? Mit welchem Unterton spricht er?

info

Jeder Mensch favorisiert einen anderen Sinneskanal. So kann sich der eine etwas besonders gut bildlich vorstellen und hat deshalb eine Situation ganz deutlich vor Augen. Ein anderer kann in seiner Vorstellung eher dasjenige hören, was in der Situation an emotionalen Worten geäußert wurde. Am besten ist es, alle Sinne auszutesten, damit eine zunehmend bessere Vorstellung entsteht.

Wie viel Abstand nimmt er zu Ihnen ein? Was haben Sie an diesem Tag an? Und wie reagieren Sie auf den Kollegen?

Spätestens an dieser Stelle ist es Zeit, nach Ihren Gedanken und Gefühlen zu forschen. Beobachten Sie, was Sie in dieser Situation denken, und versuchen Sie die Gefühle zu spüren. Ist es Angst, Unsicherheit, ein Unbehagen? Forschen Sie nach weiteren Gefühlen, die sich dahinter verbergen könnten. Versuchen Sie weitere negative Gefühle zu erspüren wie Wut, Ärger oder Aggression. Ist Ihnen dies ansatzweise möglich, so sollten Sie versuchen, diese Gefühle festzuhalten, zu erfahren und innerlich auszuleben.

Erleben Sie jedoch in Ihrer Vorstellung nur Angst und Unsicherheit und dies durchaus intensiv, dann sollten Sie versuchen, mit diesen Gefühlen aus der Situation herauszugehen. Lassen Sie den Kollegen einfach stehen und begeben Sie sich in einen anderen Raum, vielleicht sogar in Ihren eigenen. Versuchen Sie nun dort an die Gefühle hinter Ihrer Angst und Unsicherheit zu kommen. Unter Umständen wird Ihnen das jetzt gelingen. Falls Sie auch hier Schwierigkeiten haben, dann sollten Sie sich innerlich Folgendes sagen: „Eigentlich müsste ich mich doch in dieser Situation ärgern. Ich müsste wütend sein. Wo sind diese Gefühle? Ich will mich jetzt ärgern! Das täte mir gut! Doch weil ich den Ärger und die Wut nicht spüre, stelle ich mir einfach vor, wie es sich anfühlen würde, wütend und ärgerlich zu sein!“ Und dann versuchen Sie sich daran zu erinnern, wie es war, als Sie sich einmal geärgert hatten. Und das stellen Sie sich ganz genau vor.

Wenn Sie sich kraft Ihrer Vorstellung mit Ärger und dessen Ursachen auseinander setzen, verändert sich Ihr Ärger auch in der Realität.

Sollten die negativen Gefühle durch das Herausgehen aus der Situation im Nebenraum erlebbar werden, dann können Sie anschließend in Ihrer Vorstellung wieder in den Raum zurückkehren, in dem sich der Kollege befindet. Versuchen Sie Ihre Ärgeremotionen mitzunehmen und jetzt in der eigentlichen Situation zu erleben. Die Haltung Ihrem Kollegen gegenüber sollte dabei eine immer selbstbewusstere werden: „Ich stehe innerlich zu meinen Ärgergefühlen, selbst wenn ich dir nicht sagen muss, was ich fühle und was ich über dich denke!" Wiederholen Sie diesen Vorgang so lange, bis Sie Wut- und Ärgergefühle in der vorgestellten eigentlichen Problemsituation erleben können.

Wenn sich Gefühle verlagern

Es könnte sein, dass sich beim Vorstellen der problematischen Situation überhaupt keine Gedanken und Gefühle, dafür aber körperliche Symptome aus dem psychovegetativen Bereich einstellen: Magenbeschwerden, Beklemmungen in der Brust, Kopfschmerzen, ein Kloß im Hals. Dann wurden die Emotionen auf den Körper verlagert und äußern sich psychosomatisch. Drängen Sie in diesem Fall die körperlichen Empfindungen nicht weg. Sie sollten diese ebenfalls so intensiv wie möglich erleben und versuchen, hinter deren Bedeutung zu kommen. Wenn Sie sich auf diese Weise mit den Symptomen beschäftigen, wird es in der Regel so sein, dass plötzlich die dahinter stehenden Gedanken und Gefühle zum Vorschein kommen.

Bei psychosomatischen Störungen werden verdrängte Gefühle in körperliche Krankheitssymptome „übersetzt".

Zum Schluss ein Wort der Aufmunterung für jene, bei denen diese Methode auch nach mehreren Versuchen und unter Zuhilfenahme aller möglichen Tricks nicht funktioniert: Es gibt einfach Menschen, die sich nur schlecht etwas vor ihrem geistigen Auge vorstellen können. Vielleicht gehören Sie ja dazu und sollten sich damit abfinden. Denn dann würde es zu lange dauern, diese Technik zu lernen. Aber auch für Sie gibt es effektive Methoden in diesem Buch. Probieren Sie es aus!

Die Allee zu den eigenen negativen Gefühlen

Ich möchte Ihnen eine Heranführungsgeschichte an Ihre negativen Gefühle und Gedanken erzählen, die suggestiven Charakter hat. Es handelt sich um eine Straße, eine Allee zu den Ärger- und Wutgefühlen.

Setzen oder legen Sie sich bitte ganz bequem hin. Um möglichst ungestört zu sein, sollten Sie die Fenster und Türen schließen und den Raum eventuell abdunkeln. Schließen Sie die Augen und versuchen Sie sich kurz zu entspannen, indem Sie mehrmals und gleichmäßig tief durchatmen und dabei alle Glieder lockern. Sie können auch eines der beschriebenen Entspannungsverfahren (siehe Seite 126ff.) an den Anfang dieser Übung stellen.

Nach einer Weile der Dunkelheit sehen Sie eine Straße, eine Allee vor sich, die von vielen Bäumen gesäumt ist. Sie gehen über diese Allee über Orte hinweg in die Landschaft hinaus, bis Sie ganz in der freien Natur sind. Plötzlich kommen Sie an einen Platz, an dem es Ihnen sehr gefällt, sei es eine Waldlichtung, ein See, ein Bach, ein einsamer alter Baum oder etwas anderes. An diesem Ort fühlen Sie sich wohl und halten inne. Sie können beobachten, wie in Ihnen Gefühle hochkommen, zunächst einmal wohlige. Aber möglicherweise bemerken Sie auch: Es gibt nicht nur eine Gefühlsrichtung bei Ihnen, sondern Sie verspüren auch angeblich negative Gefühle. Und diese anderen Gefühle werden sogar an diesem angenehmen Ort und wohl aus der Erinnerung heraus erlebt.

Selbst wenn Sie es vielleicht noch nicht deutlich wahrnehmen, taucht jetzt auch gelegentlich das Gefühl des Ärgers auf, begleitet von Erinnerungen und Situationen in Ihrem Leben, die dazu passen. Und es mag an dieser Stelle Ihren Bedürfnissen entsprechen zu spüren, wie Ärger und Wut von ganz allein immer intensiver aufkommen und Sie dies auch zulassen. Vielleicht haben Sie auch noch gar nicht bemerkt, dass Sie zunehmend Gefallen an diesen Gefühlen finden und es immer stärker als Erleichterung empfinden, solche Emotionen zu haben und sie innerlich auszuleben. Sie können beobachten, wie

info

Nicht selten resultiert eine Ärger- oder Aggressionshemmung auch aus religiöser Erziehung beziehungsweise einer religiösen Versteigerung. So leiden viele Menschen unter den Idealisierungstendenzen des Christentums und kämpfen mit Identitätsproblemen und erheblichen Schuldgefühlen.

sich diese „negativen" Gefühle mit den angenehmen, wohligen Gefühlen in bestimmten Abständen wie von selbst abwechseln. Und vielleicht eher, als Sie dies für möglich halten, finden Sie diesen Wechsel, diese Vielfalt gut und fühlen sich lebendig.

Es ist nicht von Bedeutung, ob Ihnen im Moment bereits bewusst ist, dass Sie hier ein neues Verhalten im Umgang mit sich selbst, mit Ihren Gefühlen erfahren und dauerhaft gelernt haben, was Sie befriedigt. Und Sie können jetzt noch gar nicht abschätzen, wofür diese Erfahrung auf Dauer nützlich sein kann. Aber vielleicht sind Sie ja doch neugierig, was es damit auf sich hat. Wenn Sie diese neue Erfahrung ausprobieren wollen, dann tun Sie es einfach und gehen Sie über die freie Landschaft, die Allee wieder zurück zu dem Ort, von dem Sie hergekommen sind. Und vielleicht sind Sie dann wieder da, wo Ihre Probleme und Konflikte existieren.

Vielleicht geben Sie sich an diesem Punkt die Chance zu erkennen, dass Ihre Probleme und Konflikte dort schon immer vorhanden waren, sie diese bisher jedoch nicht richtig sehen und spüren konnten. Und Sie gestatten sich auf einmal – und es könnte Ihnen sogar leicht fallen –, auch Ihre negativen Gefühle in jeder dieser Situationen zu spüren. Und Sie gestatten sich außerdem, sich bei diesen Empfindungen gut zu fühlen, ja sie sogar als Befreiung zu erleben. Und wenn dann still und heimlich eine gewisse Freude darüber aufkommt, könnte tatsächlich ein Wunder geschehen sein. Ein Wunder, das sich ab jetzt täglich bei Ihnen ereignen könnte.

Konfrontative Verfahren zur Ärgerwahrnehmung

Bereits die Kognitiven Verfahren (siehe Seite 101ff.) stellen in ihrer Anwendung eine Konfrontation mit Ärgersituationen dar. Ich möchte in diesem Kapitel einige theoretische und auch praktische Aspekte ergänzen und gleichzeitig auf das Kapitel „Konfrontative Verfahren zur Verbesserung des Ärgerausdrucks“ ab Seite 122 verweisen.

Desensibilisierung der Angst vor Ärgeremotionen

Indem sich Menschen Angst auslösenden Situationen aussetzen, können sie lernen, mit diesen Situationen seelisch und körperlich immer besser umzugehen. Sie gewöhnen sich an derartige Situationen und machen die Erfahrung, dass ihnen dabei nichts passiert. Emotionale und körperliche Erregbarkeit gehen mit der Zeit dauerhaft zurück.

Die Bewältigung der Angst vor dem eigenem Ärger, aber auch vor der Ablehnung durch andere ist eine entscheidende Hilfestellung für das Zulassen negativer Gefühle und Gedanken. Kann die Angst entscheidend gemindert werden, gibt es keinen hinreichenden Grund mehr, diese Gefühle zu verdrängen. Ein relativ angstfreies Erleben von Ärger wird somit möglich.

Wer sich seinem Ärger stellt, wird lernen, damit umzugehen.

Die Konfrontationsmethode besteht darin, sich über längere Zeiträume den problematischen Situationen auszusetzen, bis Erregung und emotionale Beteiligung stark abnehmen. Dann liegt ein brauchbares Lernergebnis vor. Es ist wichtig, sich hinreichend lange mit dem jeweiligen Reiz zu konfrontieren und die Situation nicht vorzeitig (vor einem Lerneffekt) zu verlassen. Denn dies brächte leider nichts!

Neben der gedanklich-geistigen Konfrontation, die im vorausgehenden Kapitel beschrieben wurde, ist auch die so genannte In-vivo-Konfrontation möglich. Hier werden die Konfliktsituationen tatsächlich aufgesucht und dabei ausprobiert, die Konflikte auch in der eigentlichen Situation durchzustehen. Ärgergehemmte meiden meist Konflikt- und Ärgersituationen. Auf diese Weise versucht man sich unangenehme Gefühle, in erster Linie Angst, vom Hals zu halten. Dadurch werden jedoch Fehlverhalten und Angst vor eigenen Gefühlen nur noch mehr zementiert, neue Erfahrungen können nicht gemacht, produktivere Fähigkeiten nicht erlernt werden.

Stellen Sie sich deshalb den Situationen, die Sie ärgern, aber vor denen Sie Angst haben. Bleiben Sie so lange in der Situation, bis es möglich ist, dies relativ angstfrei zu tun. Dann ist das Lernziel fürs Erste erreicht. Natürlich bedarf es zur Stabilisierung des Lerneffekts auch hier der Wiederholung. Als Hilfsmittel und zugleich zur Vorbereitung von In-vivo-Konfrontationen können das Ärgertagebuch (siehe Seite 99f.) und die Spaltentechnik zur Ärgerwahrnehmung (siehe Seite 102f.)

Ärgergehemmte meiden häufig Situationen, die unangenehme Gefühle und Angst auslösen.

dienen. Der nächstfolgende Schritt ist dann die Bedeutungsanalyse der Ärgeremotionen.

Bedeutungsanalyse von Ärgeremotionen
Die Ziele und Schritte einer Bedeutungsanalyse von Ärgeremotionen wurden in einem Analysebogen (mit Beispieltext; siehe Anhang Seite 148/149) verarbeitet. Er kann Ihnen als Werkzeug dienen, sich über die Bedeutung Ihrer Emotionen klar zu werden. Nach mehrwöchiger Anwendung dürfte das Schema in Fleisch und Blut übergegangen sein. Das angestrebte Vorgehen kann sich dann automatisch in Ihrem Inneren ohne dieses Hilfsmittel vollziehen. Nur noch in schwierigen Situationen und bei dementsprechend schwierig zu klassifizierenden Ärgeremotionen muss dann das Analyseblatt zu Hilfe genommen werden.

Produktiver Ärgerausdruck mithilfe Kognitiver Umstrukturierung

Nach der Bedeutungsanalyse besteht die Möglichkeit, den Ärger je nach Bedeutung auszudrücken. Aber auch hier gibt es bei Ärgergehemmten Blockaden, Ängste und fehlt das „Können". Bedeutungsorientierter Ärgerausdruck muss eingeübt werden.

Spaltentechnik bei gehemmtem Ärgerausdruck

Die Ursachen der Gefühlsblockaden von Ärgergehemmten liegen vor allem auch in bestimmten unproduktiven Gedanken- oder Interpretationsmustern, die automatisch ablaufen. Sie haben sich innerhalb der psychischen Entwicklung so herausgebildet. Diese „automatischen Gedanken" beinhalten nachteilige Überzeugungen („Ärger ist nur ein lästiges Übel.") und ängstliche Befürchtungen („Wenn ich mich ärgere, mache ich mich unbeliebt."). Daraus entstehen dann unter anderem die bekannten emotionalen Hemmungen.

Können diese unrealistischen Gedanken und Überzeugungen durch andere ersetzt werden, schwinden die geistigen Blockaden. Und dann ist der Mensch innerlich frei für einen produktiven Ärgerausdruck. Daher ist es so wichtig, möglichst hinter all diese Gedankenmuster zu kommen. Die kognitive Spaltentechnik trägt dazu bei. Sie wurde bereits im Zusammenhang mit der Ärgerwahrnehmung auf Seite 102 vorgestellt.

Schon eine mittelfristige Anwendung dieser Spaltentechnik (Beispieltext sowie Leerblatt als Arbeitsmaterial siehe Anhang, Seite 152/153) sollte zu einer deutlichen Veränderung der gedanklichen Einstellung und der Gefühle gegenüber Ärgerausdruck führen. Eine Veränderung auf der Verhaltensebene wird automatisch folgen. Der Ausdruck von Ärger fällt dann zunehmend leichter. Mit der Zeit gehört Ärgerausdruck zum festen Verhaltensrepertoire, macht die betreffende Person kommuni-

»ein gewitter ...

kativer, seelisch lebendiger und flexibler. Hieraus entstehen neue Erfahrungen, die den Betroffenen in seinen neuen Einstellungen weitgehend bestätigen und die alten Gedankenmuster widerlegen dürften.

Was bewirkt die Kognitive Umstrukturierung?
Die Methode der Kognitiven Umstrukturierung stellt eine Anleitung dar, mit Gedanken und Gefühlen, aber auch mit Verhalten zu experimentieren. Ein bewusstes Experimentieren bedeutet, sich gezielt um neue Erfahrungen zu bemühen und damit ein immer realistischeres Bild der eigenen Umwelt und der eigenen Möglichkeiten zu erhalten. Für die Veränderung von Überzeugungen zählen allein neue Erfahrungen. Ist es nicht möglich, andersartige Erfahrungen als die bisher vorliegenden zu machen, dann wird es sehr schwer sein, dauerhaft tiefe Überzeugungen zu verankern und neues Verhalten zu erreichen.

Spaltentechnik zum intelligenten Ärgerausdruck

Ging es zuvor um die emotionalen und geistigen Blockaden, die einem berechtigten und vitalen Ärgerausdruck im Wege stehen, so wird jetzt angestrebt, Ärgern intelligenter und demzufolge für die eigenen Bedürfnisse, Interessen und Ziele effektiver zu machen. Dazu muss man sich zunächst vor Augen führen, wie der Ärgerausdruck in Konfliktsituationen bisher er-

... reinigt die luft«

folgte. Diese Situationen werden dann danach beurteilt, wie effektiv der Ärgerausdruck war. Es werden Gründe für das bisherige spontane Verhalten gesucht und produktivere Alternativen dazu überlegt. Schließlich werden die Alternativen nach ihrer Effektivität beurteilt und angewandt. Auch hierzu finden Sie sowohl einen Beispieltext als auch ein Leerblatt zur Selbstnutzung im Anhang (Seite 154/155). Und so gehen Sie vor:

Spalte 1: In diese Spalte tragen Sie aus der Erinnerung konfliktgeladene Vorgänge ein, die stattgefunden haben.

Spalte 2: Hier geht es um das verbale, also mündlich (mit emotionalem Unterton) geäußerte und das nonverbale, also nicht sprachlich ausgedrückte Verhalten in der jeweiligen Situation, um einzelne Handlungen, auch um die Abfolgen und Reaktionen der gegenseitigen Interaktion. Beurteilen Sie dann die Effektivität des Ärgerausdrucks. Dies sollte einerseits im Gesamteindruck (durch einen Zahlenwert von 0 bis 100) und insofern emotional-subjektiv geschehen. Zusätzlich sollte auch versucht werden, den angegebenen Zahlenwert rational zu begründen.

Spalte 3: Was wäre statt des gezeigten Verhaltens ein womöglich besseres Verhalten gewesen? Dieses bessere Verhalten müsste jedoch in zweierlei Hinsicht effektiver sein: einmal was die seelische Entlastung betrifft und zum anderen unter dem Aspekt der situativen Bewältigung des vorliegenden Problems. Mit dieser Differenzierung soll vermieden werden, dass hier le-

Wenn Sie den tieferen Sinn Ihres Ärgers erkannt haben, setzen Sie sich als nächstes Ziel, Ihre Emotionen zukünftig effektiver und konstruktiver auszudrücken.

diglich für die Situation vernünftige Lösungen gesucht werden. Das seelische Wohlbefinden, letztlich die ganze Person, bliebe dabei vollkommen auf der Strecke. Das wäre weder sachdienlich noch problemlösend. Bei aller Analyse sollte dieser Aspekt immer wieder bedacht werden. Daher sollten in dieser Spalte Aussagen zur emotionalen Effektivität abgegeben werden. Auch hier wird der Grad der Überzeugtheit an einer Zahl zwischen 0 und 100 festgemacht.

Spalte 4: In dieser Spalte kann dann die Tauglichkeit der neuen Ärgerausdrucksformen in der jeweiligen Situation beurteilt werden. Dies geschieht als verbales Statement und wiederum mit einer Zahl. In dieser Zahl von 0 bis 100 sollte auch mitschwingen, inwieweit Sie dazu entschlossen sind, in ähnlichen Konfliktsituationen demnächst dieses neue Ärgerverhalten zu demonstrieren.

Spalte 5: Hier können Sie eintragen und mit einer Zahl bewerten, welches Gefühl Sie nach der Analyse haben und welche Erfahrungen Sie mit der Anwendung der alternativen Ärgerausdrucksformen gemacht haben. Was Letzteres anbetrifft, kann diese Spalte auch zunächst offen bleiben. Sie soll zum Experimentieren anregen und will dann mit Erfahrungen gefüllt werden. Nur zu!

Zum Training eines besseren Ärgerausdrucks können auch die Techniken der Autosuggestion, Selbstinstruktion und Imagination (siehe Seite 103ff.) angewendet werden.

Konfrontative Verfahren zur Verbesserung des Ärgerausdrucks

Die wissenschaftliche Psychologie hat Desensibilisierungsverfahren entwickelt, deren Ziel es ist, durch Konfrontation mit einem Angst auslösenden Reiz die daraus resultierenden Ängste zu vermindern oder gar zu beseitigen. Diese Methode kann abgewandelt auch auf Ängste beim Ausdruck von negativen Gefühlen, beispielsweise von Ärger und Wut, angewandt werden.

Systematische Desensibilisierung

Im Bereich der Psychotherapie ist die Systematische Desensibilisierung ein gut kontrolliertes Verfahren. Es kann mit oder ohne Verwendung von Entspannungstechniken als ausgesprochen effektiv bezeichnet werden. Das Grundprinzip besteht darin, dass sich Menschen in der Vorstellung oder auch durch ein Hineingehen in tatsächliche Situationen systematisch mit ihrer Angst konfrontieren. Systematisch heißt, es wird mit der leichtesten Situation begonnen, und falls sich hier Erfolge einstellen (die Angst also deutlich vermindert oder gar beseitigt ist), wird jeweils die nächstschwierigere Situation bis hin zur schwierigsten ausgewählt und angegangen. Das systematische Vorgehen erleichtert die Konfrontation.

Um Unangenehmes zu überwinden, muss man es aufsuchen.

Im klassischen Sinn wird mit der Erzeugung eines Entspannungszustands begonnen. Entspannung stellt einen relativ angstfreien Zustand dar und bildet insofern den Kontrast zu Angst. Zugleich ist Entspannung eine Befindlichkeit, die es in Situationen, die Angst erzeugen, anstelle von Erregung anzustreben gilt.

Ist der Betroffene ausreichend entspannt, dann gibt er sich entweder in der Vorstellung oder auch real eine Situation aus seiner hierarchischen Angstliste vor. Diese Situation führt – passables Vorstellungsvermögen vorausgesetzt – zunächst zu einer ängstlichen Reaktion. Sobald Letzteres deutlich registrierbar ist, wird die Vorstellung der problematischen Situation beendet, und man begibt sich wieder in den Entspannungszustand. Dieses Vorgehen wird so lange fortgesetzt, bis der Betreffende auf die Vorstellung des Angstreizes nicht mehr oder nur noch vermindert mit ängstlicher Erregung reagiert. Dann kann er sich der nächsten Situation seiner Angsthierarchie zuwenden.

Diese Verfahrensweise führt zu einer Kopplung der zunächst Angst erzeugenden Situation mit einem Entspannungszustand. Die problematischen Situationen werden dadurch von einer Angstreaktion losgelöst. Nach dem Durcharbeiten der kompletten Angsthierarchie sollte die Angst vor bestimmten Situationen nicht mehr oder nur noch in vernachlässigbarer Weise gegeben sein. Für den Ärgergehemmten hieße dies: Er hätte nach der Anwendung des Verfahrens keine Angst oder nur noch eine nicht mehr blockierende Angst vor dem eigenen Ärgerausdruck.

So gehen Sie vor

In einem ersten Schritt werden Situationen der Ärgerhemmung ermittelt, die bei dem Versuch, Ärger ausdrücken zu wollen, Angst auslösen. Hier können Sie erneut auf die Ergebnisse des Ärgertagebuchs (siehe Seite 99f.) und der verschiedenen Spaltentechniken (siehe Seite 102f. und 118ff.) zurückgreifen. Diese Situationen werden dann mithilfe der bereits bekannten Schätzskala (von 0 bis 100) nach ihrem jeweiligen Angstgrad beurteilt und in einer Angsthierarchie eingeordnet.

Im weiteren Vorgehen versetzen Sie sich in einen Entspannungszustand (Sie können dazu beispielsweise eine der Entspannungstechniken auf Seite 126ff. anwenden) und führen das Verfahren wie oben beschrieben durch. Eine Angst auslösende Situation kann in diesem Fall immer nur die Vorstellung sein, dass man die Absicht hat, Ärger auszudrücken. Dabei können beziehungsweise sollten Sie sich auch die Reaktion der anderen mit vorstellen – diese ist ja besonders angstbesetzt.

Achten Sie darauf, sich genügend lange mit der Angst auslösenden Situation zu konfrontieren, damit überhaupt Erregungszu-

Machen Sie sich spätestens für die Anwendung der Systematischen Desensibilisierung mit einer Entspannungstechnik vertraut. Sie können dieses Verfahren allerdings auch ohne Entspannung durchführen.

stände auftreten können. Denn mit dem Erleben einer gewissen Angst steht und fällt der Erfolg der gesamten Methode.

Auch die anschließende Entspannung sollte gebührend ernst genommen werden, damit tatsächlich als Antwort auf die Angst ein entspannter Zustand folgt.

Desensibilisierung in der realen Situation

Die Systematische Desensibilisierung kann, wie bereits erwähnt, auch in der realen Situation benutzt werden. Hierbei versucht man, sich vor dem Hineingehen in die Situation durch geeignete Techniken (Kurzentspannung, Progressive Muskelrelaxation) kurz zu entspannen. Dann geht es darum, die Situation durch Ausdruck von Ärger, Beharrlichkeit etc. durchzustehen und diese dann wieder zu verlassen, um sich erneut zu entspannen.

Aber auch während der Konfrontation können regelmäßig durch Verfahren der Kurzentspannung (siehe Seite 127f.) Entspannungszustände erzeugt oder zumindest angestrebt werden. Dies gelingt beispielsweise, indem die Handmuskulatur gelegentlich angespannt und wieder entspannt wird, was erfahrungsgemäß eine vorübergehende Entspannungsreaktion auslöst. Ein entspannender Effekt kann auch dadurch erzielt werden, indem man zwischendrin versucht, das Thema zu

Mit der nächsten Situation sollten Sie sich erst dann konfrontieren, wenn die aktuell ausgewählte Situation Sie nicht mehr „vom Hocker reißt“.

wechseln oder beruhigend auf sein Gegenüber einzugehen, um die Situation zunächst einmal zu entschärfen.

Konfrontation im Rollenspiel
Eine gute Möglichkeit, intelligenten Ärgerausdruck zu trainieren, besteht auch darin, Ärgersituationen mit geeigneten Partnern (Ehepartner, Freunde, Bekannte, Mitglieder von Selbsthilfegruppen oder von Therapiegruppen) systematisch zu üben. Die Situationen sollten dabei möglichst lebensecht nach- oder auch vorgespielt werden. Die einzelnen Übungssequenzen können sogar auf Video aufgenommen und dann analysiert werden. Wirksam ist hier das ganzheitliche Üben des Ärgerausdrucks und die Rückmeldung durch Kommentare der Mitspieler und Mitanwesenden.

Entspannungstechniken zur Erregungsmodulation

Die hier vorgestellten Entspannungsverfahren sollen zweierlei bewirken:

- Angst gegenüber dem eigenen Ärgern abbauen.
- Ärgerspitzen mindern und die Möglichkeit erhalten, sich mit der Bedeutung von Ärger und dessen Formen des Ausdrucks differenzierter auseinander setzen zu können.

Progressive Muskelrelaxation

Bei der so genannten Progressiven Muskelentspannung oder Muskelrelaxation ist durch Anspannung und Entspannung der Muskulatur ein direktes Erleben des Anspannungszustands des Körpers möglich. Dieses Vorgehen hat gegenüber dem Autogenen Training erhebliche Vorteile, da beim Autogenen Training rein suggestiv und vorstellungsbezogen gearbeitet wird. Der Erfolg hängt hier stark vom Vorstellungsvermögen, aber auch vom passiven Körperempfinden ab. Demgegenüber kann die Progressive Muskelrelaxation jederzeit auf einfache Weise angewendet werden und Entspannungszustände ermöglichen. Da diese Methode mittlerweile ebenso wie das Autogene Training hinreichend bekannt ist, verzichte ich auf das genaue Vorgehen. Sollten Sie keine Kenntnisse haben, so nutzen Sie das vielfältige Kursangebot.

Konditionierte Entspannung

Eine Weiterführung der Progressiven Muskelrelaxation besteht in der so genannten Konditionierten Entspannung. Bei dieser Methode kann der Ärgergehemmte eine Verknüpfung des Entspannungszustands mit sich selbst gegebenen Signalworten wie „Gelassenheit", „Ruhe", „Entspannung", „Lockerheit", „Loslassen", „Fallenlassen", „angenehme Kühle", „Cool sein" oder „die Erregung erst mal abklingen lassen" erreichen. Auf

Volkshochschulen bieten häufig Kurse für Autogenes Training und Progressive Muskelentspannung an.

diese Weise wird es möglich, in jeder Lage und Situation eine Entspannung herbeizuführen, indem man sich diese Worte innerlich vorsagt.

Sie können zum Beispiel kurz die Hand zur Faust ballen und, während Sie die Hand wieder entspannen, sich ein Wort sagen, das Entspannung signalisiert. Natürlich können auch andere Muskelgruppen unbemerkt angespannt und wieder entspannt werden.

Eine solche Kurzentspannung bietet sich in folgenden Situationen an: in Situationen, in denen Angst vor dem eigenen Ärgern oder auch vor selbstbewusstem Verhalten anderer aufkommt; in Situationen, in denen versucht wird, sich selbst mit seiner Ärgerhemmung zu konfrontieren; in Übungssituationen, in denen Ärgerausdruck trainiert wird; in Situationen extremer eigener Verärgerung und extremer Erregungszustände, die es schwer machen, hinter die Bedeutung des eigenen Ärgers zu kommen beziehungsweise angemessen zu reagieren; in Situationen, in denen die Gefahr besteht, sich durch urwüchsiges Ärgerverhalten massiv zu schaden.

Focusing

Diese Entspannungsmethode kann bei der Wahrnehmung von Ärgeremotionen und dem gefühlsmäßigen Erspüren der Bedeu-

Die Konditionierte Entspannung hat den Vorteil, dass sie jederzeit und überall – von anderen unbemerkt – praktiziert werden kann.

tung von Ärger gute Dienste leisten. Beim Focusing (Focus = Aufmerksamkeits-Brennpunkt) geht es darum, den eigenen Körper in den Mittelpunkt der Aufmerksamkeit zu stellen und ihn ohne jegliche Zielrichtung in seinen Empfindungen und Funktionen zu beobachten.

Der Schwerpunkt liegt dabei auf den Körperbereichen, in denen ein so genanntes psychosomatisches Geschehen abläuft, in denen sich also seelische Befindlichkeiten oder Prozesse in Form von Körperreaktionen am ehesten zeigen. Insbesondere der Halsbereich (Kloß im Hals), Brustbereich (Beklemmungen, Herzrasen, Korsettgefühl) und der Bauchbereich (Druckgefühl, Magen-Darm-Beschwerden, Kribbeln im Bauch) gehören dazu. Dabei handelt es sich übrigens um diejenigen körperlichen Bereiche, in denen sich auch das psychosomatische Geschehen bei Ärger und Ärgerhemmung abspielt. Ziel der Methode ist es zunächst, alle Empfindungen, auch die negativen, einfach kommen und gehen zu lassen. Dadurch, dass keine Zielrichtung der Selbstbeobachtung besteht, vermag man sich selbst und den eigenen Körper gut zu spüren. Man erlebt damit die seelischen Belastungen auch körperlich und lernt, das Auf und Ab des Körpers und der Seele anzunehmen. Das Akzeptieren des psychosomatischen und sonstigen Körpergeschehens führt nicht nur zu einem körperlichen Erleben der psychischen Probleme, zum Beispiel von unterdrückten, nicht mehr bewusst vorhandenen Ärgeremotionen. Gleichzeitig ergibt sich daraus auch ein Wiedereinpendeln, eine zunehmende Selbstregulierung von Körper und Seele, was dann automatisch in einen Entspannungszustand mündet.

So gehen Sie vor

Beim Focusing nimmt man entweder im Liegen oder im Sitzen eine entspannte Haltung ein. Die Augen werden, zumindest in der Übungs- und Lernphase, geschlossen, um die Körperempfindungen und die Selbstwahrnehmung zu intensivieren. Die weiteren Instruktionen gebe ich Ihnen in wörtlicher Rede wider, damit Sie diese in ähnlicher Weise anwenden und möglicherweise auf Band sprechen können:

Ausgangsposition: Versuchen Sie eine bequeme Lage einzunehmen und überprüfen Sie diese, bis Sie die für Sie bequemste Liege- oder Sitzposition gefunden haben. Lassen Sie nun einfach alle Gedanken kommen und gehen. Egal, was passiert, lassen Sie es einfach zu und versuchen Sie dann, die Gedanken einige Minuten lang kommen und gehen zu lassen.

Halsbereich: Wenn während des Kommens und Gehens der Gedanken eine gewisse gedankliche Leere eintritt, versuchen Sie als Erstes, Ihren Hals zu beobachten: Wie fühlt sich Ihr

info

Das Entscheidende der Technik Focusing besteht nicht allein darin, dass damit verschüttete Gefühle wieder über den Körper wahrgenommen werden. Vielmehr kann auch die Bedeutung, die hinter einem Gefühl steht, gefühlsmäßig erspürt und dann plötzlich verstandesmäßig beziehungsweise gedanklich erfasst werden.

Hals an? Ist er frei, entspannt, fühlt er sich angenehm wohlig an oder spüren Sie eine Belastung, etwas Unangenehmes, ein Zusammenziehen, einen Kloß im Hals?
(Pause für die Selbstbeobachtung)
Egal, wie sich Ihr Hals anfühlt, versuchen Sie es einfach zu akzeptieren.
(Pause für die Selbstbeobachtung)
Alles ist richtig, alles sollte zugelassen werden.
(Pause für die Selbstbeobachtung)
Fragen Sie sich, wie sich das im Einzelnen anfühlt.
(Pause für die Selbstbeobachtung)
Sollte der Hals frei sein, versuchen Sie es zu empfinden. Haben Sie beispielsweise einen Kloß im Hals, so versuchen Sie auch, in sich hineinzuspüren, wie sich der Kloß im Hals genau anfühlt.
(Pause für die Selbstbeobachtung)
Was ist das für ein Gefühl?
(Hier eine etwas längere Pause für die Selbstbeobachtung)
Und dann: Dieses Gefühl kann bleiben, es kann abnehmen, es kann zunehmen, es kann im Körper wandern, es kann aber auch plötzlich vollkommen verschwinden.
(Pause für die Selbstbeobachtung)
Versuchen Sie das einfach gut zu beobachten.
(Pause für die Selbstbeobachtung)
Wenn sich dann das Körpergefühl in Richtung auf eine ganz bestimmte seelische Empfindung auflöst (was übrigens sehr häufig geschieht), dann versuchen Sie sich zu fragen: Was ist das für ein Gefühl und wie heißt es? Der Name wird wie von

allein durch das Erspüren heraussprudeln. Das Gefühl könnte Freude oder Wohlgefühl heißen oder es könnte auch Trauer, Wut, Ärger, Aggression heißen.
(Pause für die Selbstbeobachtung)
Wenn Sie dieses Gefühl nun erspürt und benannt haben, dann spüren Sie in sich hinein, wie sich dies genau anfühlt.
(Pause für die Selbstbeobachtung)
Dann versuchen Sie noch – passiv, ohne Anstrengung – zu erspüren, was Ihnen dieses Gefühl sagen will, welche gedanklich erfassbare Bedeutung dahintersteht, die, falls es sie gibt, von selbst kommt.
(Pause für die Selbstbeobachtung)
Und wenn Sie diese Bedeutung erspürt haben, werden Sie wie eine Bestätigung dafür, das Richtige gefunden zu haben, spüren, dass Sie auch ein neues Körperempfinden erleben.
(Pause für die Selbstbeobachtung)

Brustbereich: Dasselbe Vorgehen wie unter Halsbereich.

Bauchbereich (Magen-Darm-Blasenbereich): Dasselbe Vorgehen wie unter Halsbereich.

Gesamter Körper: Dasselbe Vorgehen wie unter Halsbereich.

Beenden der Übung: Nach diesen Minuten der passiven Selbstbeobachtung geht es darum, die Übung langsam wieder zu beenden. Verabschieden Sie sich von der Beobachtung Ihres Körpers.

Beim Focusing wird der Körper durch passive Aufmerksamkeit beobachtet.

(Pause für die Selbstbeobachtung)
Versuchen Sie nun wieder in den Raum, „ins Leben" zurückzukehren.
(Pause für die Selbstbeobachtung)
Lassen Sie sich dabei etwas Zeit.
(Pause für die Selbstbeobachtung)
Wenn Sie bereit sind, versuchen Sie tief durchzuatmen.
(Pause für die Selbstbeobachtung)
Öffnen Sie langsam die Augen.
(Pause für die Selbstbeobachtung)
Recken und strecken Sie sich ausgiebig.
(Pause für die Selbstbeobachtung)
Lassen Sie sich Zeit, bis Sie richtig zu sich kommen, und versuchen Sie langsam, die Umgebung wieder wahrzunehmen.
(Pause für die Selbstbeobachtung)

Das Focusing muss wie andere Entspannungsverfahren durch Training erlernt werden. Dies braucht Zeit. Ist der Lernprozess fortgeschritten, kann diese Technik auch über die jeweilige Trainingszeit hinaus im Alltag genutzt werden. Einstellungsänderungen lassen sich bekanntlich schwerer durch willentliche Anstrengung oder verstandesmäßige Übung erreichen als durch einen Lernprozess, in den auch Emotionen und Körperempfindungen einfließen. Dazu ist das Focusing sehr gut geeignet.

Selbstsicherheitstraining: **soziale Kompetenz lernen**

Menschen, die selbstsicher sind, können sich besser abgrenzen. Sie beanspruchen für sich einen größeren Lebensraum in der Gesellschaft und haben folglich gelernt, was den Ärger- und Aggressionsgehemmten fehlt. Menschen mit geringem Selbstgefühl erleben zudem schon harmlose Situationen meist als persönliche Angriffe und ärgern sich insofern häufiger.

Die Ziele des Selbstsicherheitstrainings

Beim Aufbau sozialer Kompetenz und Selbstsicherheit geht es für Ärger- und Aggressionsgehemmte einmal darum zu lernen, ihre Rechte und berechtigten Interessen und Bedürfnisse zu wahren und zu behaupten, Forderungen zu stellen. Andererseits sollen gleichzeitig jedoch feindselige und inakzeptable Verhaltensweisen und Forderungen anderer abgewehrt werden können. In beiden Fällen haben Ärgergehemmte erhebliche Defizite. Aufbau von Selbstsicherheit bedeutet nicht, rohes, aggressives Verhalten zu fördern. Dies wäre allenfalls kurzfristig effektiv, langfristig dagegen nachteilig. Vielmehr geht es um Umgangsformen, die sowohl persönliche Meinungen und Emotionen ermöglichen und zugleich sozial akzeptabel sind.

Eines der größten Probleme des Ärgergehemmten ist seine soziale Unsicherheit.

Erfolgskontrollen: Wie sind Fortschritte messbar?

Alle Fragebögen und Arbeitsmaterialien in diesem Buch eignen sich für die Überprüfung von Erfolgen beim Erlernen eines produktiven Ärgerverhaltens. So können Sie mithilfe des Fragebogens zu den Ärgertypen (siehe Seite 146) nicht nur Ihren persönlichen Typ im Umgang mit Ärger ermitteln. Nach Anwendung des Trainingsprogramms können Sie diesen Fragebogen beliebig oft erneut ausfüllen und die Ergebnisse mit denen aus der ersten Anwendung vergleichen. Auf diese Weise werden Veränderungen ersichtlich.

Auch die Spaltentechnik zur Wahrnehmung und zum Ausdruck von Ärger (siehe Seite 150/151, 152/153, 154/155) kann bei mehrfacher Anwendung den Lernverlauf dokumentieren. Und schließlich wäre es durchaus interessant, nach einer gewissen Abstinenz das Ärgertagebuch (siehe Seite 147) für ein bis zwei Wochen erneut zu führen und die dann vorgenommenen Eintragungen mit den anfänglichen Aufzeichnungen rund um den Ärger zu vergleichen.

info

Auch diverse Testmanuale der Psychologie können zur Dokumentation und Erfolgskontrolle verwendet werden (siehe Literatur am Ende des Buches). Mit solchen standardisierten Verfahren lässt sich feststellen, ob sich durch die Umsetzung des Inhalts dieses Buches Depressivitätsgrad, Ängstlichkeit, Zwanghaftigkeit, soziale Ängste etc. positiv verändert haben.

Eine weitere Kontrollmöglichkeit besteht darin, andere Menschen zu befragen, wie diese Sie bezüglich Ihrer Ausstrahlung beurteilen. Sagt man Ihnen, Sie seinen aggressiver, frecher, komplizierter und empfindlicher geworden, dann stimmt die Richtung. Hält man Sie für einen ganz braven, lieben, gutmütigen, sehr toleranten, verständnisvollen und ausgesprochen umgänglichen Menschen, so gibt es für Sie noch einiges zu tun. Bekommen Sie zu hören, es sei mit Ihnen in letzter Zeit in keinster Weise mehr erträglich, dann hapert es gewaltig an der Art Ihres Ärgerausdrucks und Sie müssen noch eifrig weiter trainieren.

Auch Ihre körperliche Verfassung kann Aufschluss darüber geben, ob der Lernprozess vorangekommen ist. Geht es Ihnen insgesamt deutlich besser (bis auf nicht zu ändernde organische Erkrankungen), so können Sie davon ausgehen, unter weniger psychosomatischen Beschwerden zu leiden. Befragen Sie am besten auch Ihren Hausarzt nach Ihrem körperlichen Zustand und setzen Sie seine Antwort in Relation zu früheren Feststellungen.

info

Erhöhter Stress kann eine Ursache für Ärger und Aggression sein. Umgekehrt kann Ärgerhemmung zu Stress führen. Es ist also sinnvoll zu lernen, mit Stress besser umzugehen. Informieren Sie sich über Seminare und Kurse, die zum Thema Stressbewältigung angeboten werden. Auch zahlreiche Bücher widmen sich dem Umgang mit dem Volksleiden Stress.

konstruktiv streiten:
die intelligenteste form, sich zu ärgern

Konfliktsituationen und Streit: Ursachen und Konsequenzen

Konfliktsituationen entstehen, wenn unterschiedliche Einstellungen, Normen, Werte, Ziele, Bedürfnisse, Interessen und vor allem Erwartungen aufeinander treffen. Es sind die typischen Situationen, in denen sich Ärgeremotionen, Wut und Aggression entwickeln. Grundlage für Konflikte sind jedoch nicht nur subjektive Differenzen, sondern auch handfeste existenzielle Gegebenheiten: Sachzwänge, strukturelle Aspekte (Missstände in Gesellschaft und sonstiger Umgebung), unterschiedliche soziale Verhältnisse (Ressourcenknappheit), Kommunikationsdefizite, anderer Informationsstand und verschiedene intellektuelle Fähigkeiten tragen ebenfalls zu Konflikten bei.

Ärger beziehungsweise Ärgerausdruck ist häufig ein Hinweisreiz für derartige Diskrepanzen. Intelligenter Ärgerausdruck versucht die jeweiligen Ursachen der Konflikte in die Form der inneren und äußeren Reaktion mit einzubeziehen. Insofern gehört zu einem intelligenten Ärgern abseits reiner Emotion und Erregung eine möglichst fundierte Situationsanalyse (das Schema einer Konflikt-Situationsanalyse finden Sie im Anhang auf Seite 156).

Streit ist die wichtigste Form, sich mit Konflikten auseinander zu setzen. Die Konsequenzen aus Streit sollten Einigung beziehungsweise Kompromiss sein, wodurch wieder ein friedliches

Konflikte haben gewöhnlich mit Unterschieden zwischen den Menschen zu tun.

Zusammenleben möglich wird. Es gibt jedoch produktives und unproduktives Streiten und in Analogie dazu einen produktiven und einen unproduktiven Ärgerausdruck. So gesehen sind sämtliche Ausführungen zur Konfliktbewältigung beziehungsweise zum produktiven Streiten gleichzeitig Handlungsanregungen für den produktiven Ärgerausdruck.

Konstruktive Formen der Konfliktbewältigung

Was nun genau intelligenten Ärgerausdruck und eine konstruktive Konfliktbewältigung darstellt, ist situations- und persönlichkeitsabhängig. Daher muss jeder Mensch seine individuelle Form finden. Es können zwar Anregungen für die Entwicklung intelligenter Konfliktbewältigungsformen gegeben werden, die aber nicht als unumstößliche Regeln im Umgang mit Konfliktsituationen verstanden werden sollten.

Ärger hat nur eine aggressionsbahnende Funktion, es muss und wird dabei in der Regel jedoch nicht zu gewalttätigen Akten kommen. Denn meist wird Ärger verbal mitgeteilt, besitzt in erster Linie eine kommunikative Funktion und kann enorm zur Konfliktlösung beitragen. Ärger wird zum Problem, wenn er zwischenmenschliche Beziehungen dauerhaft belastet. Deshalb muss darüber nachgedacht werden, wie man diejenigen, die mit dem Ärger anderer nicht produktiv umgehen können, dazu bringt, Ärger ebenfalls produktiv zu sehen. Ein wichtiger Ansatz besteht darin, die Überempfindlichkeit der Gesellschaft gegenüber berechtigtem Ärgerausdruck abzubauen. So wie etwa sexuelle Freizügigkeit früher als anstößig empfunden wurde, aber heute in bestimmten Formen als befreiend und normal erlebt wird, muss in unserer Kultur auch ein Umdenken über das „negative" Gefühl Ärger stattfinden. Zweifelsohne würde hierdurch die Qualität der menschlichen Beziehungen steigen.

Selbsthilfemethoden zur **Konfliktbewältigung**

Bei der Entwicklung eines intelligenten Ärgerausdrucks und einer konstruktiven Konfliktbewältigung werden unter anderem folgende Ziele angepeilt:

- Veränderung der Situationswahrnehmung, so dass Ärger, der „hausgemacht" ist, zum großen Teil gar nicht erst entsteht.
- Ermittlung neuer Handlungsmöglichkeiten im Umgang mit Ärger, die zur Selbstentwicklung beitragen.
- Vermeidung der zwischenmenschlichen Ärgeraufschauklung: Was trägt zur Deeskalation bei?

Gesellschaftskritik geht mit Ärger Hand in Hand. In erster Linie waren Kritiker und nicht Jasager die Mütter und Väter des gesellschaftlichen und wissenschaftlichen Fortschritts.

Unnötigen Ärger vermeiden

Hier ist die so genannte Kognitive Umstrukturierung (siehe Seite 117ff.) sehr wichtig. Erlernte Formen von Ärgerbewältigung müssen überprüft und gegebenenfalls durch produktivere Formen ersetzt werden. Ein nicht zu unterschätzender Faktor bei unangemessenem Ärgern ist der Versuch, humorvoll mit Ärger und Ärgerausdruck umzugehen. Daraus ergibt sich nicht selten eine Entkrampfung und in der Folge eine Neubewertung der Situation.

Konflikte kreativ bewältigen

Zum intelligenten Ausdruck von Ärger ist Kreativität unabdingbar. Man sollte lernen, abwechslungsreich zu streiten, das heißt, nicht immer dieselben Aussagen zu wiederholen. Das, was den Beteiligten wichtig ist, sollte möglichst jedes Mal in einer anderen, überraschenden, erfrischenden Form zum Ausdruck gebracht werden. Damit man Ärger auf eine konstruktive und flexible Art äußern kann, ist es hilfreich, wenn auf den verschiedensten Gebieten in allen relevanten Lebensbereichen Problemlösefertigkeiten vorhanden sind oder entwickelt werden.

Seien Sie auch beim Streiten erfinderisch und einfallsreich!

Eine Eskalation verhindern

Beim Ärgerausdruck sollte möglichst eine Kränkung des Interaktionspartners vermieden werden. Ärger, der in Form von Vorwürfen geäußert wird, fordert Widerstand heraus und führt schnell zur Eskalation eines Konflikts. Daher ist es das anfängliche Ziel, die friedliche Absicht des eigenen Ärgerns hervorzuheben und zunächst auch auf das, was der andere meint, einzugehen. In seinem Standpunkt kann der Verärgerte jedoch hart bleiben und die Bedeutung seines Ärgers im Verlauf weiter vertreten. Deeskalationstechniken zielen darauf ab, die Gefühle des anderen nicht zu ignorieren. Bevor man mit anderen Menschen auf der sachlichen Ebene diskutieren kann, muss das Emotionale befriedigt worden sein.

In zahlreichen Situationen bleibt einem allerdings nichts anderes übrig – um sich Gehör zu verschaffen –, als aggressiv anzufangen und sich dann wieder auf ein konstruktives Niveau zurückzubegeben. Zu Beginn steht der Protest, dann folgen Beschwichtigung und Entgegenkommen beziehungsweise das bewusste Einnehmen des anderen Standpunkts. Schließlich kommt man erneut auf die Bedeutung des eigenen Ärgers zurück.

info

Vorübergehende Konzilianz und Beschwichtigung sind die besten Deeskalationsmethoden in einem Konflikt: „Abdampfen lassen" – aber richtig –, gefolgt von einer zunächst deutlichen Anteilnahme über einen längeren Zeitraum. Nach dem ersten Schub folgen meist weitere Gefühlswellen, die man wie ein Wellenreiter mitnehmen kann.

Eine andere gute Deeskalationsmethode ist, aus der Situation vorübergehend herauszugehen und die ganze Angelegenheit bei später verändertem Erregungsniveau, veränderten Bedingungen und Einstellungen erneut anzugehen.

Auf Distanz gehen

Destruktive Aggressionen (Gewalt und einseitig-subjektive Dominanz) aufgrund von Ärger und anderen Ursachen dürfen sich nicht lohnen. Man muss destruktiv-aggressiven Menschen alternative Wege zur Erreichung ihrer Ziele abringen und vor allem auch Grenzen setzen. Die Devise muss hier lauten: Wehret den Anfängen! Denn wenn sich rücksichtslose und unproduktive Aggressivität auszahlt, wird sie immer wieder und immer stärker demonstriert. Daher sollte in solchen Fällen deutlich auf Distanz gegangen und nicht um eine konstruktive Konfliktbewältigung gerungen werden. Ablehnung, Abgrenzung, auch Abbruch der Beziehung sind die einzig richtigen Antworten.

Auch bei folgenden Konstellationen und Situationen sollte über Distanzhaltestrategien nachgedacht werden:

- bei hierarchisch Höherstehenden, gegenüber denen ein ausgeprägtes Abhängigkeitsverhältnis besteht
- beim antisozialen Ärgertyp (siehe Seite 92ff.)
- bei Drogenabhängigen

Mut zum gesunden Ärgern!

Ich hoffe, dass Sie Ärger und anderen „negativen" Gefühlen künftig einen bedeutenden Sinn in Ihrem Leben zubilligen. Und ich hoffe, Sie motiviert zu haben, sich regelrecht „gesund zu ärgern". Sehen Sie dieses Buch als Arbeitsbuch an. Mit diesem Nachwort sollte die Nutzung nicht beendet sein.

Hüten Sie sich davor, missbilligende Reaktionen Ihrer Umwelt auf Ihre neue Lebensphilosophie zu wichtig zu nehmen. Der Gesunde und Erfolgreiche im Leben ist nicht der, der mit klingenden Posaunen der Sympathie empfangen wird und dann die Erwartungen nicht erfüllt. Es ist derjenige, der mit Nachhaltigkeit das Nützliche behauptet und mit der Zeit dafür Anerkennung bekommt. Erfolgreiche Menschen unterscheiden sich von weniger erfolgreichen durch ihre größere Konfliktfähigkeit und einen produktiven Ausdruck von Ärger.

Wenden Sie sich bei Fragen ruhig an mich. Ich führe auch Seminare zum Thema „Intelligentes Ärgern" durch. Über das aktuelle Programm können Sie sich im Internet unter www.Dr-Guenter-Scheich.de informieren. Oder schreiben Sie an meine Adresse: Willy-Brandt-Straße 18, 59302 Oelde.

anhang

Ergebnisse zur Testung Ärgertypen

	Summe positiv beantworteter Fragen (mind. Wert 6)	Durchschnittswert der Skalenwerte dieser positiven Fragen	Liegt der Ärgertyp vor/ wie intensiv?	Verhaltensweisen, die besonders extrem und auffällig sind
Typ I Ärger in sich hineinfressen				
Typ II Ärger unkontrolliert herauslassen				
Typ III Ärger kontrolliert und intelligent ausdrücken				
Typ depressiv				
Typ zwanghaft				
Typ selbstunsicher				
Typ paranoid-querulatorisch				
Typ passiv-aggressiv				
Typ antisozial				

Ärgertagebuch

Datum	Ärger-situation genaue Beschreibung	Geärgert? Wie stark	Ärger-verhalten Hemmung oder Ausdruck	Reaktion der Umgebung	Gefühl in Situation	Gefühl nach Situation

Bedeutungsanalyse von Ärgeremotionen, Beispieltext

Ärgersituation	Intensität des Gefühls	Fragen zur Bedeutung	Bedeutung	Richtigkeit	Wichtigkeit	Angemessenheit	Handlungsnotwendigkeit	Wege des Verhaltens
Der Nachbar mäht grundsätzlich zur Mittagszeit den Rasen mit dem Rasenmäher und ist dabei ganz freundlich; vorsichtige Anspielungen, dass er doch zu anderen Zeiten mähen könne, hat er bisher übergangen.	Der Grad des Ärgers wird zwischen den Werten 0–100 eingeschätzt; hier: 80	Eigene Fragen überlegen oder Fragen von Seite 52ff. übernehmen, z.B.: Ärgere ich mich über mich oder über meine Umgebung? Welche meiner Erwartungen wurden enttäuscht? Was müsste sich an mir oder an der Umgebung ändern, damit ich mich nicht mehr ärgern müsste? Veränderungsziele?	Ich kann mir nicht alles gefallen lassen, brauche eigenen Lebensraum; ich muss mich gegenüber anderen mehr abgrenzen, sonst machen die immer so weiter wie bisher; ich muss massiver auftreten, sonst denkt der Nachbar, mir macht der Lärm nicht so viel aus. Im Ärgergefühl liegt Antrieb, Selbstbehauptung und Selbstbewusstsein.	Von 0–100; hier: 90	Von 0–100; hier: 80	Von 0–100; hier: 90	Von 0–100; hier: 90	Es muss sich möglichst bald etwas tun. Ich werde den Nachbarn demnächst einmal, wenn er sich mit mir unterhält, ganz beiläufig darauf ansprechen und ihn dann bitten, zu anderen Zeiten zu mähen. Sollte er ausweichen, bekommt er meinen Ärger direkt zu spüren. Lässt er es dann immer noch nicht, werde ich mich beim Ordnungsamt beschweren!

Bedeutungsanalyse von Ärgeremotionen, Arbeitsmaterial

Ärgersituation	Intensität des Gefühls	Fragen zur Bedeutung	Bedeutung	Richtigkeit	Wichtigkeit	Angemessenheit	Handlungsnotwendigkeit	Wege des Verhaltens

Spaltentechnik zur Ärgerwahrnehmung, Beispieltext

Problemsituation	Ausgelöste Gefühle Überzeugtheit (0–100)	Gedanken hinter den Gefühlen Überzeugtheit (0–100)	Angemessene Gefühle Überzeugtheit (0–100)
Der Ehemann/die Ehefrau kritisiert mich in äußerst abfälliger Weise vor anderen Menschen	*Unwohlsein (50); nicht so recht wissen, was ich fühle (60); ich fühle mich hin- und hergerissen und blockiert (80); sich beschämt fühlen (85); Blamagegefühl (100); Angst vor Verlust von Beziehungen, auch des Ehepartners (80); Gefühl der Wertlosigkeit (100); sich müde und schlapp fühlen (75); Gefühl der Traurigkeit (100); Gefühl der Hilflosigkeit und Hoffnungslosigkeit (100); Verzweiflung (85); Wut gegen sich selbst (90); sich unter Druck fühlen (100); Erwartungsängste (100); Gefühl der Nutzlosigkeit und Energielosigkeit (75); Versagensängste (95); sich bedrängt fühlen (100); Angst vor Streit (100); Gefühl der Leere (80); Gefühl der Verlassenheit (85); Angst vor Ablehnung (95); Unterlegenheitsgefühl (100); Gefühl der Schüchternheit (80); sich gering geschätzt fühlen (100).*	*Ich sage gar nichts mehr, weil mich ohnehin niemand ernst nimmt (60); oder: X weiß ja alles besser, da habe ich nichts entgegenzusetzen (65); oder: Die Verhältnisse um mich herum lassen mich resignieren (80); oder: X nutzt mich nur aus, aber ich kann mich sowieso nicht wehren (80); oder: Ich muss mich noch kleiner machen, damit ich nicht auffalle und keine Ablehnung erfahre (85); oder: Was sollen denn die anderen denken, wenn mich der Partner so schlecht behandelt? (100).* *Aber auch: X ist ja ganz unmöglich zu mir, geht schlecht mit mir um (80); ich würde dies nicht so mit X machen (100); das ist doch eine regelrechte Frechheit (90); andere würden sich das nicht gefallen lassen (95); das ist doch keine Liebe, keine Partnerschaft (100); ich sollte es X mal zeigen! (85).*	*Hier sollten Sie sich von der Frage leiten lassen, wie sich selbstbewusste Personen in dieser Situation fühlen würden:* ***stark verärgert (100); sauer (100); aggressiv (100); rachsüchtig (100); hasserfüllt (100); außer sich (100); innerlich kochend (100); sich unangemessen und ungerecht behandelt fühlen (100); sich nicht mehr zum Partner zugehörig und gebunden fühlen (100).***

Spaltentechnik zur Ärgerwahrnehmung, Arbeitsmaterial

Problemsituation	Ausgelöste Gefühle Überzeugtheit (0–100)	Gedanken hinter den Gefühlen Überzeugtheit (0–100)	Angemessene Gefühle Überzeugtheit (0–100)

Spaltentechnik bei gehemmtem Ärgerausdruck, Beispieltext

Konfliktsituation mit Hemmung des Ärgerausdrucks	**Ausgelöste Gefühle** Intensität (0–100)	**Automatische Gedanken** (hinter Hemmungsgefühlen) Überzeugtheit (0–100)	**Rational-alternative Gedanken** Überzeugtheit (0–100)	**Gefühle nach den alternativen Gedanken** Intensität (0–100)
Eine Rechnung ist maßlos überhöht, wird aber frech und wie ganz selbstverständlich präsentiert.	*Angst vor Ablehnung oder den Eindruck zu erwecken, geizig zu sein (100); Angst, einen schlechten Ruf zu bekommen (100); Angst vor einer Ärgereskalation, wenn der eigene Ärger ausgedrückt wird (100); Angst vor anschließenden Schuldgefühlen und Grübeleien (100); Angst vor Verlust der eigenen Kontrolle über die Ärgeremotionen und Aggressionen (100); Angst vor Bestrafung (100); Selbstunsicherheitsgefühle und eine allgemeine Verunsicherung (100).* *Aber auch: starke Verärgerung; Wut über die Dreistigkeit, abgezockt zu werden (100).*	*Ärger ist von Übel, ein destruktives Gefühl (95); ich will keine Strafe riskieren (100); ein Mensch muss in jeder Situation ruhig und gelassen bleiben (95); habe ich erst einmal den Ärger anderer auf mich gezogen, dann habe ich für immer Probleme (100); der Klügere gibt nach (85); man sieht ja an anderen Beispielen, was es bringt, wenn man seinen Ärger ausdrückt (85) – dann gibt es nur noch Feindseligkeiten (90); ich kann Streit nicht ausstehen (95); man sollte doch eher immer nach Harmonie streben (100); wenn ich mich ärgere, dann kriege ich vielleicht noch einen Herzinfarkt, also sollte ich mich möglichst nicht aufregen, denn das belastet den Körper (85).*	*Alle Argumente des Buches für einen konstruktiven Ärgerausdruck:* *Ich muss dem anderen meine Betroffenheit zeigen, damit er evtl. sein Verhalten ändert und weiß, dass er das mit mir nicht machen kann (100); ich muss den Ärger an der richtigen Stelle herauslassen, sonst werde ich noch tagelang die seelischen und körperlichen Nachteile zu erleiden haben (100); wenn ich jetzt klein beigebe, dann passiert mir das immer wieder (100); X kann auch nicht machen, was er will (100); ich zahle das einfach nicht, da kann der sich auf den Kopf stellen (100); dies ist für mich eine Frage des Prinzips, da grenze ich mich klar ab (100).*	*Gefühl der Entlastung (100); Gefühl der Kontrolle (75); Selbstwertgefühl (85); Selbstsicherheitsgefühl (80); Entschlossenheitsgefühl (85); Gefühl des Beharrens (75); Identitätsgefühl (80); Gefühl des Ärgers und der Wut (100).*

Spaltentechnik bei gehemmtem Ärgerausdruck, Arbeitsmaterial

Konfliktsituation mit Hemmung des Ärgerausdrucks	**Ausgelöste Gefühle** Intensität (0–100)	**Automatische Gedanken** (hinter Hemmungsgefühlen) Überzeugtheit (0–100)	**Rational-alternative Gedanken** Überzeugtheit (0–100)	**Gefühle nach den alternativen Gedanken** Intensität (0–100)

Spaltentechnik zum intelligenten Ärgerausdruck, Beispieltext

Konfliktsituation	Ärgerausdruck (konkrete Beschreibung) Effektivität (0–100)	Verhaltensalternativen (produktivere für die Seele) Überzeugtheit (0–100)	Verhaltensalternativen (produktivere für die Situation) Überzeugtheit (0–100)	Gefühle nach dem Experimentieren Intensität (0–100)
Eine Rechnung ist maßlos überhöht, wird aber frech und wie ganz selbstverständlich präsentiert.	*Ich habe direkt gesagt, dass das zu viel ist, was da abgerechnet wurde und dass ich mir zukünftig eine andere Firma suche, wenn der Betrag so bleibt.* *Oder: Ich habe gestaunt und komisch geschaut, aber bezahlt.* *Das war insgesamt gut und effektiv (85); ich habe zwar jemanden verärgert, aber ich fühle mich seelisch total erleichtert und kann mit den Konsequenzen besser leben als mit der miesen Situation davor (100); dieses ganze Überlegen über den richtigen Ärgerausdruck und das Kontrollieren war doof, Entlastung hätte ich hier nur durch einen urwüchsigen Ausdruck des Ärgers bekommen (100).*	*Den Ärger unvermittelt herauslassen und sich richtig abreagieren, X will ja schließlich keinen Kunden verlieren! (90); die Rechnung vor den Augen von X zerreißen und ihn um eine neue bitten (80; einfach weggehen, X stehen lassen und die Rechnung noch nicht bezahlen (85); mit X emotional über die Gründe diskutieren, warum die Rechnung zu hoch ist (95).*	*Sich einfach stur stellen und die Rechnung nicht bezahlen (75); X mit einem Rechtsanwalt drohen (85); Verständnis zeigen, dass X Geld verdienen muss, aber zugleich daran erinnern, dass er ja auch Kunden braucht, und ihm dann erklären, warum die Rechnung zu hoch ist und was Sie sich vorgestellt haben (90); X in Aussicht stellen, dass er neue Geschäfte mit Ihnen machen kann, wenn er in diesem Fall auf Sie eingeht (90).*	*Mehr Selbstbewusstsein (90); Entlastungsgefühl (95); Gefühl der Kontrolle der Situation (95); Identitätsempfinden (85); ein Stein fällt vom Herzen (85); Erfolgs- und Selbstbestätigungsgefühl (70); Hochgefühl (60); Zufriedenheit mit sich selbst (90); Euphorie (50).*

Spaltentechnik zum intelligenten Ärgerausdruck, Arbeitsmaterial

Konfliktsituation	Ärgerausdruck (konkrete Beschreibung) Effektivität (0–100)	Verhaltensalternativen (produktivere für die Seele) Überzeugtheit (0–100)	Verhaltensalternativen (produktivere für die Situation) Überzeugtheit (0–100)	Gefühle nach dem Experimentieren Intensität (0–100)

Analyse der Konfliktursachen für eine spezifische Konfliktsituation

Divergenzen in	x	Welche Unterschiede stehen sich konkret gegenüber?	Wer muss an sich arbeiten?	Welche berechtigte Form des Ärgerausdrucks?
Einstellungen				
Normen und Werten				
Zielen				
Bedürfnissen				
Interessen				
Erwartungen				
Sachzwängen				
Strukturellen Aspekten				
Ressourcenknappheit				
Kommunikationsformen				
Informationsstand				
Intelligenz				

Literatur

Im Buch verwendete Literatur

Averill, J. R., *Anger and aggression. An essay on emotion,* Springer, New York 1982
Buck, R., *The communication of emotion,* Guilford Press, New York 1984
Diagnostic and Statistical Manual of Mental Disorders, DSM-IV, American Psychiatric Association, Washington 1994
Diagnostisches und Statistisches Manual Psychischer Störungen, DSM-III-R, Beltz, Weinheim 1989
Eaker et al., *Psychological factors and the 10-year incidence of cerebrovascular accident in the Framingham Heart Study,* Psychosom. Med. 45, 84, 1981
Egle u.a., *Persönlichkeitsmerkmale, Abwehrverhalten und Krankheitserleben bei Patienten mit primärer Fibromyalgie,* Z. Rheum. 48, 73-78, 1989
Gendlin, E.T., *Focusing,* Everest House, New York 1978
Labhardt, A., *Psychosomatische und psychodynamische Aspekte weichteilrheumatischer Erkrankungen,* Referat, 17. Tagung d. Dtsch. Ges. Rheumatologie, Regensburg 1976
Laessle, R.G., *Essstörungen.* In: Margraf, J., Lehrbuch der Verhaltenstherapie, Bd. 2, Springer, Berlin 1996
Leibig u.a., *Zur Persönlichkeitsstruktur von Patienten mit Colitis ulcerosa und Morbus Crohn, eine testpsychologische Unter-*

suchung während der Krankheitsremission, Z. psychosom. Med. Psychoanal. 31, 380-392, 1985

Lell, M., *Das Forum, Protokoll einer Gehirnwäsche,* dtv, München 1997

Lexikon der Psychologie, Bertelsmann Lexikon Verlag, Gütersloh 1995

Mees, U. (Hrsg.), *Psychologie des Ärgers,* Hogrefe, Göttingen 1992

Rüddel, H., Otten, H.M., *Der Einfluß von aggressiven Verhaltensweisen auf die Blutdruckhöhe.* In: Frey, D., Bericht über den 37. Kongress der DGfPs in Kiel 1990 (Band 1 466-467), Hogrefe, Göttingen 1990

Sachse u.a., *Focusing. Ein emotionszentriertes Psychotherapie-Verfahren,* Huber, Bern 1992

Scheich, G., *Neurodermitis bewältigen lernen: Ein mentales Trainingsprogramm,* Heyne, München 1999

Scheich, G., *Positives Denken macht krank. Vom Schwindel mit gefährlichen Erfolgsversprechen,* Eichborn, Frankfurt 2001

Schultheis, K.-H., von Uexküll, T., *Psychosomatische Aspekte des Morbus Crohn.* In: von Uexküll, T., Lehrbuch der psychosomatischen Medizin, Urban und Schwarzenberg, München 1979

Schwenkmezger, P., Lieb, R., *Emotionen und psychosomatische Erkrankung: Ärger und Ärgerausdruck bei koronaren Herzerkrankungen und bei essentieller Hypertonie.* In: Hellhammer, D. H., Ehlert, U. (Hrsg.), *Verhaltensmedizin: Ergebnisse und Anwendung,* Huber, Bern 1991

Siebert, M., *Ärger: Theorie, Messung und Kontrolle. Beiträge zu einem erziehungsrelevanten Gegenstand,* Unveröff. Diss. Universität Oldenburg, Oldenburg 1977

Verres, R., Sobez, I., *Ärger, Aggression und soziale Kompetenz. Zur konstruktiven Veränderung destruktiven Verhaltens,* Klett-Cotta, Stuttgart 1980
von Uexküll, T., *Psychosomatische Medizin,* Urban und Schwarzenberg, München 1990
Weintraub, A., *Psychosomatischer Beitrag zur Diagnose und Therapie des Kreuzschmerzes,* Psychosom. Med. 7, 109-118, 1977
Zander u.a., *Colitis ulcerosa und Morbus Crohn aus psychosomatischer Sicht,* Med. Welt 33, 948-950, 1982

Ausgewählte Literatur zum derzeitigen Forschungsstand

Buss, D.M., *Evolutionary Psychology,* 10, 278-311, Allyn & Bacon, Boston 1998
Deffenbacher, J.L., *Cognitive-behavioral conceptualization and treatment of anger,* Journal of Clinical Psychology, 55, 295-309, 1999

Empfohlene Literatur zum Thema Konfliktbewältigung und intelligenter Ärgerausdruck

Bach, G.W., Goldberg, H., *Keine Angst vor Aggression,* Fischer, Frankfurt 2000

Bach, G. W., Wyden, P., *Streiten verbindet. Spielregeln für Liebe und Ehe,* Fischer, Frankfurt 1999
Berkel, K., *Konflikttraining,* Sauer, Heidelberg 1997
Klein, H.-M., *Exzellent streiten,* Fit for Business, Regensburg 2001
Redlich, A., *Konflikt-Moderation,* Windmühle, Hamburg 1997

Psychologische Testmanuale (zur Kontrolle von Lernerfolgen)

Fahrenberg u.a., *Das Freiburger Persönlichkeits-Inventar (FPI-R),* Hogrefe, Göttingen 2002
Franke, G. H., Derogatis, L.R., *SCL-90-R-Die Symptom-Checkliste,* Beltz, Weinheim 1995
Hautzinger u.a., *Beck-Depressions-Inventar BDI,* Huber, Bern 1993
Horowitz u.a., *Inventar zur Erfassung Interpersoneller Probleme (IIP-D),* Beltz, Weinheim 1994
Laux u.a., *STAI, Das State-Trait-Angstinventar,* Beltz, Weinheim 1981
Schwenkmezger u.a., *Das State-Trait-Ärgerausdrucks-Inventar (STAXI),* Huber, Bern 1992